幼儿园课程故事研究丛书

主　编

傅　英

编写人员

王建娣　王星星　王敏敏　田　宇　朱尹蕾
朱　慧　刘　焰　李奕文　严晓静　张梦艳
邵　嘉　相罕章　章婧婧　薛洪贤

心发现，新成长

主 编 傅 荚

南京师范大学出版社
NANJING NORMAL UNIVERSITY PRESS

图书在版编目(CIP)数据

心发现,新成长 / 傅英主编. —南京：南京师范大学出版社，2020.7（2022.8重印）
（幼儿园课程故事研究丛书）
ISBN 978－7－5651－4661－9

Ⅰ. ①心…　Ⅱ. ①傅…　Ⅲ. ①学前教育－课程设计　Ⅳ. ①G612

中国版本图书馆 CIP 数据核字(2020)第 111288 号

书　　名　心发现,新成长
丛 书 名　幼儿园课程故事研究丛书
主　　编　傅　英
丛书主编　张　斌　虞永平
策划编辑　张　莉　官军燕
责任编辑　官军燕
出版发行　南京师范大学出版社
地　　址　江苏省南京市玄武区后宰门西村 9 号(邮编:210016)
电　　话　(025)83598919(总编办)　83598412(营销部)　83598009(邮购部)
网　　址　http://press.njnu.edu.cn
电子信箱　nspzbb@ njnu.edu.cn
印　　刷　启东市人民印刷有限公司
开　　本　787 毫米×1000 毫米　1/16
印　　张　10
字　　数　148 千
版　　次　2020 年 7 月第 1 版　2022 年 8 月第 3 次印刷
书　　号　ISBN 978－7－5651－4661－9
定　　价　48.00 元

出 版 人　张志刚

序

幼儿园课程故事本质上是一种教育实践叙事，就是讲述那些以小见大、发人深省、关乎幼儿园课程建设与发展的故事。它是幼儿教师对课程实践过程中真实事件的叙述，其目的在于通过故事去体悟并阐述教育工作所蕴含的规律、原理，促进叙述主体和听众（读者）对教育现象——特别是课程问题——的深度理解与思考；是一种将客观事实呈现、主观感受体验和理性观点阐释融为一体的教育经验发现过程。

课程故事是一种回顾。其内容都来自幼儿园课程实践的点滴，教师在讲述故事的时候便是在回忆和梳理自己的课程经历，积累经验。这些内容作为对真实教育情境的再现，本身就是一笔财富。正如苏霍姆林斯基曾经说过的："我建议每一位教师都来写教育日记。教育日记并不是什么对它提出某些格式要求的官方文献，而是一种个人的随笔记录，在日常工作中就可以记。这些记录是思考和创造的源泉。那种连续记了 10 年、20 年甚至 30 年的教师日记，是一笔巨大的财富。每一位勤于思考的教师，都有他自己的体系、自己的教育学修养。"虽然课程故事并不等同于教育日记，但教育日记的确是课程故事的重要基础。

课程故事是一种反思。随着教育工作的复年复日，幼儿教师的专业敏感往往会在例行公事般的幼儿园生活中被钝化，而实践叙事就是要我们去重新审视那些在幼儿园场域内看似司空见惯的细节，重新发现其中的教育意蕴，重新感受在表面平淡的教育生活背后那些不平凡的意义，从而把作为叙事者的教师自身的思维触角引向自我教育生活的深层。

课程故事是一种研究。教师从事教育研究的目的在于改善自己的教育品质，提升教育能力，更新教育观念，这就需要教师开展的研究务实、有用。而现实中却存在教师对某些观点心存疑虑却仍然"引经据典写论文"的"研究"，这显然违背了教师进行教育研究的初衷。对教师而言，讲述故事可以帮助他们积累大量的工作现场素材，反思故事能够让他们对幼儿园实践经验进行重构或重组，这个过程往往会引导叙事者或发现问题，或寻找原因，或生成对策，或形成工作思路，或得出教育规律——获得解决某些问题的更上位的经验，这才是幼儿园教师要做的研究。

课程故事是一种分享。由于课程故事的内容来源于真实情境，其所展示的现象、反映的问题往往与广大一线教师的经历如出一辙，很容易引起共鸣、激发交流。一方面，教师在叙述故事、描述问题、阐述观点的过程中要将自己的所遇、所感、所想表达出来，与志同道合的人士进行专业经验分享；另一方面，听众（读者）们可能还会就某些问题进行持续的讨论，形成共享多种观点的局面。这里，课程故事为大家分享、交流专业观点搭建了平台，提供了思路。

课程故事还是一种成长。它将教师的工作、学习和研究有机融为一体，使教师在实践思维和理论思维之间不断转换，获得更有利于其专业发展的思维模式训练，同时，还有利于增进教师对自身课程实践内涵的理解，树立正确的教育信念，建立远大的教育理想。毫不夸张地说，课程故事能够让任何一位教师实现扎实的专业成长，实现在原有水平上的进步。

南京师范大学出版社策划并出版“幼儿园课程故事研究丛书”，既是对我国幼儿园课程实践现状的总结与展示，更是对生发于幼儿园课程场域的现象、经验、观点和理论的发掘和整理。其以故事的形式叙述幼儿园课程建设过程中的立场、经验、反思以及幼儿和教师的成功、喜悦、收获、苦恼、失落、决心和意志，真实地反映教育改革的背景下我国幼儿园教育发展的真实画面，让幼儿园园长和教师在轻松的阅读中有所收益。

我们希望该套丛书的价值不止停留在“讲故事”的层面，更能够激起各位读者进行专业思考的意愿和行动。套用一句老话，便是期待抛此“砖”能引来彼之“玉”，能为我国幼儿园教师专业成长与幼儿教育事业品质的提升有所贡献！

张　斌　虞永平

2018 年秋

目　录

小班

中班

大班

小　班

XIAOBAN

它是柚子吗?

苏州高新区文昌实验幼儿园　田宇

持续时间:2018 年 10 月至 2018 年 11 月

年龄段:小班

孩子们的眼睛里总是能发现各种各样的东西,大到天上的月亮,小到地上的小蚂蚁,他们都能看在眼里,然后提出奇怪而又有趣的问题。

发现果子

一天吃完午饭后,孩子们跟往常一样跟着老师去幼儿园的小木板道上散散步,突然臣臣手指着远处大声地说:“老师你看!”小朋友们也听到了他的叫声,纷纷顺着他手指的方向看过去,原来他发现幼儿园高高的树上长出了许多的果子。孩子们便纷纷跑到果树下,开始张望。

图 1　散步时发现树上长出了许多的果子

涵涵仰着头边看边说:“老师,这是什么果子呀? 树上长了好多呀!”瑶瑶跑到另一棵果树下,仰起头用手指着树上的果子说:“老师,你看,这边有绿色的还有黄色的呢!”子扬奶声奶气地问道:“老师,这个到底是什么果子呀？能吃吗?”我还没回答,樱宁就抢着说道:“这个是柚子,我见过的,就是这样黄黄的。”茜茜说:“不是的,柚子很大的,这个很小啊。”我发现孩子们对于这个果子到底是什么产生了不同的看法,我准备抓住这次机会,鼓励孩子们主动去观察探索,于是我便问:“那怎么才能知道它到底是什么呢?”小远说:“摘下来看看呗。”悦涵说:“这树太高了,要怎么摘呀?”孩子们提出了自己的疑问,为了激发孩子们自主探索的欲望,调动他们的思维,我便鼓励孩子们一起讨论怎么去摘树上的果子。

图 2　围绕着果子展开了讨论

摘果子

1. 讨论摘果子的工具

孩子们七嘴八舌地讨论着。一辰说:“我家里有大水枪,可以用大水枪把果子打下来。”子扬说:“找一把很长很长、很大很大的剪刀,伸到树上剪下来。”沁瑶说:“可以找长长的棍子,举高一点,把它打下来。”茜茜说:“还可以戴着吓人的面具,果子害怕了,就会吓得掉下来了。”

孩子们的这些办法有的虽然在我们成人听来有些荒诞好笑,但是我知道这都是他们依据自己的生活经验想出来的。为了让孩子们能够在亲身体验中感受各种工具的使用方法和效果,我没有否定孩子们开动小脑筋想出的方法,而是鼓励他们把自己想到的这些工具带到幼儿园来,一起试试,看看到底能不能成功,通过实际操作来验证自己的猜想。

图 3　讨论摘果子的工具

2. 摘果子大作战

第二天，孩子们带来了各种各样的工具，有的带来了棍子、竹竿，有长有短；有的带来了捕鱼的网兜；有的请妈妈帮忙自制了一把长长的、大大的纸质剪刀；有的带来了奥特曼的面具。孩子们兴冲冲地拿着自己的工具来到了树下，跃跃欲试。朝驰戴着面具站在树下仰起头大喊大叫，过了一会儿我问道："果子被面具吓下来了吗？"朝驰把面具拿下来说："没有。"这时一菡正拿着长竹竿踮起脚努力地够树上的果子，朝驰看到了说："可以用那个。"

图 4　用自己带来的工具尝试摘果子

在这里我们可以看出幼儿在进行探索的时候，不仅仅会受到老师的引导和支持，同时也会受到同伴的启发，当他们处在一个集体学习探索的环境中，他们的思维会不断产生碰撞，进而共同探究问题、寻找答案。

随即朝驰就跑到了一菡旁边想要拿竹竿。一菡说："我自己来。"孩子们蹦的蹦，跳的跳，虽然竹竿已经很长了，可就是够不到树上的果子。

一菡有点沮丧地说："老师，我们太矮了，够不到呀。"我相信孩子们会想到其他办法的，于是就故意装作没办法地说道："哎呀，那怎么办呢？"璎珞叫道："啊，我们可以找保安叔叔啊。"我惊叹于孩子能一下子想到向他人求助，并且求助的对象看起来非常合适，我便询问原因，看看到底是随口说的，还是经过思考的。小远抢着说："我知道，因为保安叔叔很高，而且很有力气。"璎珞附和道："对呀。"从这里我们可以看出孩子们继续调动了他们以往的认知经验，是有一定的判断在里面的。他们根据自己摘果子的经验觉得需要一个高一点的、力气大一点的人来做这件事情，那么他们脑海中就开始搜索幼儿园中与之匹配的人选，最终确定了保安叔叔。在孩子们不断学习的过程中，教师应当充分扮演好支持者、合作者和引导者的角色，于是我便说："那我们就去请保安叔叔帮忙吧。"于是孩子们便准备出发去保安室找保安叔叔，刚好保安叔叔路过，孩子们便开心地叫住保安叔叔帮忙，保安叔叔答应了，孩子们很开心。他们站在树下看着保安叔叔拿来一根很长的大竹竿，都惊讶地叫出了声："哇，好长呀"。孩子们之前并没能成功摘下果子，他们没有觉得是竹竿太短的问题，只是以为是自己的个子太矮了，当看到保安叔叔很长很长的大竹竿时，他们获得了新的经验，知道即使是保安叔叔来也是需要找一根特别长的竹竿的，明白了自己选取的并不是最合适的工具。保安叔叔一边用长长的竹竿把果子打下来，一边提醒小朋友躲到一边，注意安全。保安叔叔每打下一个果子，孩子们就兴奋地跑过去把果子抱起来放到旁边。打了许多果子下来后，孩子们开心地向保安叔叔道谢、说再见，抱着果子开开心心地回教室了。

图 5　请来保安叔叔帮忙，顺利摘到果子

观察与比较

1. 观察外表

终于把果子摘下来了，那它到底是不是柚子呢？小朋友们个个化身为小侦探开始仔细研究这些果子了。昕航把小鼻子凑到果子上闻了又闻，然后说：“老师，这个果子好香啊，都有香香的味道，但是好像黄色的果子更香，长得和柚子一样。”

璎珞盯着黄色的果子看看，又盯着绿色的果子看看，然后说：“老师，我发现黄色的上面有棕色斑点，绿色的没有。”小远摸了摸黄色的果子说：“老师，这个滑溜溜的。”为了让他有个对比，我便鼓励他再摸摸绿色的果子，看看有什么感觉。他摸了以后说：“好像有点小疙瘩。”又凑近了看看，指着绿色的果子说：“老师你看，真的有小疙瘩。”从孩子们认识果子的外表可以看出，孩子们会有不同的观察方法，有的用鼻子闻，有的用眼睛看，有的还会用手摸，在孩子和同伴进行语言交流的时候，他们不断吸取他人的经验，丰富自己的认知。孩子们观察完果子的外表后都觉得这就是柚子，特别是黄色的果子，长得和柚子一模一样。但为了让孩子们有一个完整的探索过程，我便追问道："你们吃过柚子吗？"他们都说吃过。我又问道："那这个果子的果肉和柚子一样吗？"一辰笑着说："我们还没吃呢。"为了让孩子们了解探究的严谨性，我便问道："这果肉都还没有对比过呢，能说它就是柚子吗？"孩子们都发现了问题，说道："不能，要吃一下才知道。"于是他们决定尝一尝。有时候孩子的发现和探索是简短的，也可能是由直接经验决定结论的，而且他们的探究是无计划的、感官操作的，他们无法预知下一步准备做什么，也不理解猜想验证的意义，因此就需要我们老师在一旁的支持和引导，对他们做的事情进行及时反馈，让他们关注动作产生的结果。

图 6　观察摘下来的果子

2. 品尝果肉

在孩子品尝果肉之前，我就已经搜过相关的资料，发现这个果子的果肉是无毒的，是可以食用的，只是口感很差、味道不好。于是我便放手大胆地让孩子们进行品尝。将果子切开后，孩子们都拿了一块果肉放在嘴巴里尝了尝。小远皱着眉头说："老师，这个好苦啊。"启航吃了一口就闭紧了眼睛，

图 7　品尝摘下来的果子

张大了嘴巴,大叫道:“老师,这个太酸了。”锐锐则是吃了一口就吐了出来,说:“这个一点也不好吃,不是柚子的味道。”

为了让孩子们有一个强烈的味觉对比,我紧接着就拿出了新鲜的水果柚子给孩子们品尝。这一次,他们似乎都吃得很开心,有的说:“老师,这个好好吃呀!”有的说:“老师,这个好甜呀!”还有的吃完一块又跑来又要了一块吃。

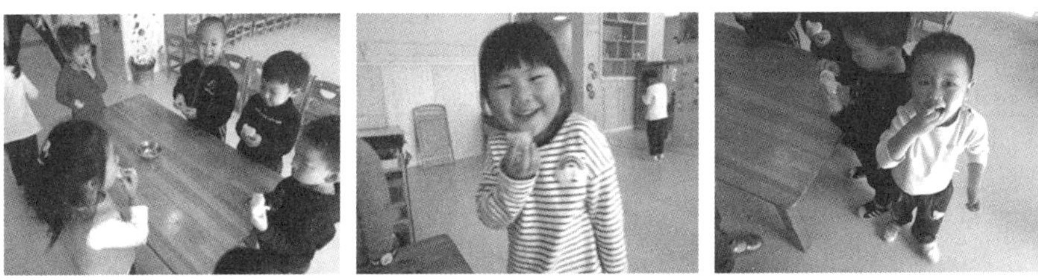

图 8 品尝水果柚子

果子究竟是什么

1. 孩子们的发现

在观察完果子、品尝完果肉之后,孩子们经过讨论得出了结论:幼儿园树上结的果子,长得和柚子一样,但是它们的果肉味道是很不一样的,幼儿园的果子果肉非常酸、苦,而真正的水果柚子的味道是甜甜的,很好吃。孩子们通过自己的实际体验和操作探索得出了结论,获得了更多丰富的科学经验和体验。

2. 原来是香泡

这个长得和柚子一样,但是果肉味道又不一样的果子到底叫什么呢?孩子们都提出了这样的一个疑问。为了让家长了解孩子们在幼儿园开展的活动,同时让孩子们学习借助各种外界的帮助和学习工具,我便鼓励他们回家询问爸爸妈妈,同时也与家长进行沟通,请他们支持孩子的提问,主动引导孩子学习利用书本、电脑等方式去寻找答案。

图 9　和爸爸妈妈一起上网查资料

最后他们终于发现，原来幼儿园的果子叫作香泡果，一般作为绿化树和行道树来美化环境的，因为长得和柚子很像，人们又叫它们为观赏柚。

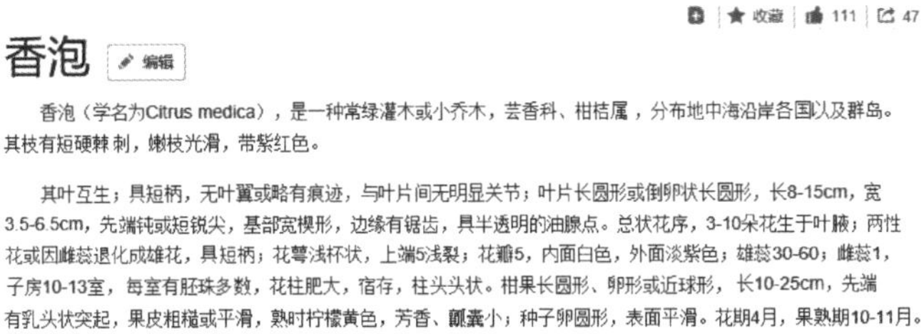

收藏 111 47

香泡 编辑

香泡（学名为Citrus medica），是一种常绿灌木或小乔木，芸香科、柑桔属，分布地中海沿岸各国以及群岛。其枝有短硬棘 刺，嫩枝光滑，带紫红色。

其叶互生；具短柄，无叶翼或略有痕迹，与叶片间无明显关节；叶片长圆形或倒卵状长圆形，长8-15cm，宽3.5-6.5cm，先端钝或短锐尖，基部宽楔形，边缘有锯齿，具半透明的油腺点。总状花序，3-10朵花生于叶腋；两性花或因雌蕊退化成雄花，具短柄；花萼浅杯状，上端5浅裂；花瓣5，内面白色，外面淡紫色；雄蕊30-60；雌蕊1，子房10-13室，每室有胚珠多数，花柱肥大，宿存，柱头头状。柑果长圆形、卵形或近球形，长10-25cm，先端有乳头状突起，果皮粗糙或平滑，熟时柠檬黄色，芳香、瓤囊小；种子卵圆形，表面平滑。花期4月，果熟期10-11月。

图 10　原来果子叫香泡

经过孩子们自己一系列的探索操作，他们知道了幼儿园树上长出来的是香泡果，不是柚子，是不好吃的。虽然耗时较长，但是孩子们沉浸其中，我想这比老师直接告诉他们答案，掐断他们的好奇心来得更深刻、更有意思。

香泡还能做什么

这幼儿园的果子既然不能吃，长了那么多掉在地上又很可惜，孩子们便讨论起如何想办法让这个果子变得有用，实现它的价值吧。有的孩子说这个闻起来香香的，可以放在教室里，这样教室也香香的了；有的说这个香泡果太脏了，要洗一洗，然后打扮它；还有的说可以像剪橘子皮那样，把它的皮剪下来串起来。于是孩子们便根据讨论的结果开始了行动。

图 11　开心地用各种材料打扮香泡果

图 12　各具特色的香泡果宝宝

图 13　剪香泡果皮

幼儿获得的关键经验

根据《3—6 岁儿童学习与发展指南》(以下简称《指南》)对幼儿在活动中获得的五大领域关键经验分析,我们了解到,其实紧随幼儿兴趣与需要生成的活动也一样能支持幼儿获得多领域学习的机会。

领域	关键经验
健康	在提醒下能注意安全，不做危险的事
语言	1. 别人对自己说话时能注意听并做出回应 2. 能听懂日常会话 3. 愿意表达自己的需要和想法，必要时能配以手势动作 4. 能在成人的提醒下使用恰当的礼貌用语
社会	1. 能根据自己的兴趣选择游戏或其他活动 2. 为自己的好行为或活动成果感到高兴 3. 自己能做的事情，愿意自己做 4. 对群体活动有兴趣 5. 对幼儿园的生活好奇，喜欢上幼儿园
科学	1. 喜欢接触大自然，对周围的很多事物和现象感兴趣 2. 经常问各种问题，或好奇地摆弄物品 3. 对感兴趣的事物能仔细观察，发现其明显特征 4. 能用多种感官或动作去探索物体，关注动作所产生的结果 5. 能感知和发现物体和材料的软硬、光滑和粗糙等特性 6. 认识常见的动植物，能注意并发现周围的动植物是多种多样的 7. 能注意物体较明显的形状特征，并能用自己的语言描述
艺术	喜欢观看花草树木、日月星空等大自然中美的事物

图 14　根据《指南》梳理的幼儿获得的关键经验

教师感悟

1. 重视好奇心

幼儿天生就具有好奇心，有时候他们会自己操作探索，有时候则不停地向成人提出问题。抓住幼儿产生好奇心的时机很重要，老师应当关注并且重视幼儿好奇的内容，挖掘幼儿自身感兴趣的内容，从而引导他们走上科学探索的道路。

2. 主动学习

幼儿的学习，尤其是科学探索类的学习是一个主动建构的过程，幼儿主动建构自己的知识，而不是被动地接受某种现成的知识。在学习活动中幼儿的主动性非常重要，如果幼儿仅仅是被告知某事，反映思维真正发生改变的学习就不会发生，因此成人需要充分利用幼儿的好奇心，鼓励幼儿主动学习，去亲眼看、亲自尝试。

3. 经验的重要性

幼儿个人的经验和体验在他们探索的过程中发挥着重要的作用，他们的思考和回答都是基于自己已有的生活经验。《指南》指出，3—6 岁幼儿学习的方式以直接感知、实际操作、亲身体验为主。幼儿是通过直接经验来认识事物的，他们需要通过对操作物的摆弄去认识了解周围事物。因此在经过自己一系列的实际操作、亲身体验之后，他们能够很深刻地记住这个果子的名字叫香泡果。

4. 教师的身份

幼儿对世界有自己的认知和理解，但是这种认知大多是出于经验和日常生活的理解，教师应当在尊重幼儿自己认知的同时，唤醒和挑战幼儿的朴素科学理论，促使幼儿反思，产生新的经验。幼儿自发的探究是一种随意的、无计划的探究，很难形成全面的探究技能，教师需要扮演好引导者的角色，引导幼儿有意识地去寻找证据进行验证，解决发现的问题。

5. 同伴学习

不同的幼儿具有不同的经验、不同的观点、不同的思考。幼儿进行探索的时候，不仅仅会受到老师的引导和支持，同时也会受到同伴的启发，当他们处在一个集体学习探索的环境中，他们会进行语言交流，他们的思维会不断产生碰撞，进而共同探究问题、寻找答案。

6. 家长的作用

家长在幼儿活动中扮演着至关重要的角色，家长对幼儿兴趣的支持会成为幼儿学习探索的动力。让家长参与到幼儿的探索活动中，既能有效地保证每位幼儿获得资料搜索的支持，帮助幼儿深入探索，同时也让家长了解幼儿园的课程，引起对幼儿探索活动的重视。在日常的生活中家长也能够关注并支持幼儿的好奇和发现，让幼儿的探索活动在生活中延续下去，而不是仅仅停留在幼儿园里面。

反思

活动的开展还是有些追求结果性价值取向,没有给予幼儿充足的时间和空间引发幼儿与环境、人的互动。如在摘果子的过程中,幼儿直接请成人帮忙,很快就摘到果子,获得成功的同时也失去了更多学习的机会。其实教师应当更多地触发幼儿之间的互动,比如请中、大班的哥哥姐姐帮忙,共同讨论怎么摘果子,就可以发展为全园性的课程活动,从一棵小小的香泡树引发出全园幼儿对幼儿园环境的关注和喜爱。小班幼儿对果子能不能吃感兴趣,而中、大班幼儿可能想了解果子的生长过程和变化,又或者关心生活中还有哪些果子可以吃,哪些果子不能吃等等。

“有味道”的蒜

苏州科技城锦峰实验幼儿园　王敏敏

持续时间：2018 年 11 月至 2019 年 1 月

年龄段：小班

缘起

一天，自然角突然传来了一声“哎呀，好臭呀”的叫喊。不一会儿，“好臭呀”的声音此起彼伏。原来是一个孩子闻到了大蒜的味道，其他的孩子听到他的喊声也跟着“起哄”。在幼儿的认知中大蒜有着一股“臭味”，他们不经意间露出的嫌弃表情使我想起这与他们进餐时对蒜类蔬菜的嫌弃如出一辙。我想抓住这个契机通过真实的操作实践活动让幼儿对蒜有新的认识，逐渐养成健康的饮食习惯。

图 1　幼儿闻大蒜

小班幼儿兴趣转移快、注意力集中时间短、责任意识较弱，而蒜生长速度快、变化大、易照顾，是非常适合小班幼儿观察的一种植物。于是我们借着幼儿对蒜的兴趣，由点找线，由线寻面，由“蒜的臭味”这个话题开始了我们的课程，我们的课程故事也由此开始了……

蒜，你好

1. 识蒜

别看大蒜在自然角平凡又常见，对于小班幼儿可是一个新奇的东西呢，他们真的认真观察过大蒜吗？摸过、闻过大蒜吗？会喜欢大蒜吗？

图 2　多感官通道认识大蒜

我们要理解幼儿的学习方式和特点，最大限度地支持和满足他们通过直接感知、实际操作和亲身体验获取经验的需要。起初，孩子们通过多感官通道初步认识了大蒜。“瞧，它白白的、圆圆的，像个橘子。”“摸起来硬硬的。”“还有点滑呢。”“香香的。”“才不是呢，我觉得是臭臭的。”幼儿通过看一看、摸一摸、闻一闻等方式感知了大蒜的特征。

每个幼儿的学习过程都是一次独特的发展之旅，我们对幼儿的每一次注意、识别、回应都是课程意识的体现。当有幼儿说到大蒜像橘子的时候，我便立刻追问：“哪里像橘子呀？”“圆圆的。”“像橘子可以剥。”这个想法真不错，于是我们开始了剥大蒜的游戏。

2. 剥蒜

“怎么剥呀？有点难。”看来是遇到了问题，听听嘉嘉是怎么说的。她发现，原来从大蒜的“屁股”那儿最好剥。这个好办法丁丁学会了，还把它教给了同组的小伙伴，果然，剥大蒜的速度变快了。真正的学习是幼儿主动性的行为，当幼儿在操作学习、尝试体验中，我们需要有足够的耐心。老师适时的“退位”其实是给幼儿主动学习的机会。

幼儿的想法是天马行空的，这不，正在剥着大蒜呢，诺诺拿起自己剥好的大蒜说：“瞧，我这个是耳朵大蒜。”大家都被诺诺说的话吸引了，他们有的哈哈大笑，还有的在重复着这句话，马菲也有想法了：“这样放就像一个小桥，走走走。”大家一下子都打开了话匣子，夏天说：“还像弯弯的月亮。”瑶瑶说：“像我爸爸大大的鼻子。”“还像跷跷板。”……这些都是幼儿的想象，

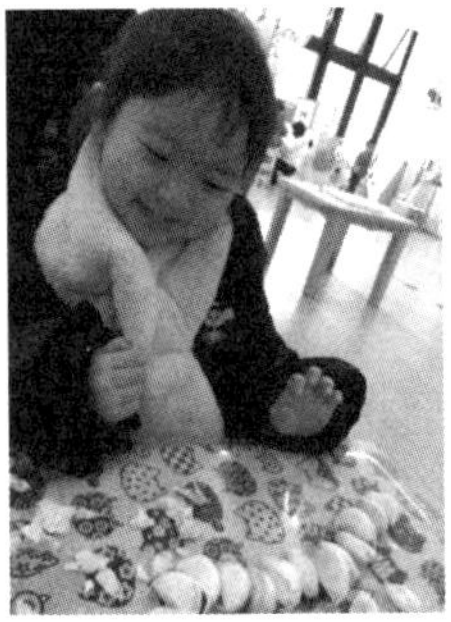

图 3　排列、点数

在说说笑笑的愉快氛围中，大蒜剥好了。这时候他们从不认识大蒜到对它有了一点新奇的感觉。

嘉嘉有了新的发现，“他们好像在排队呀！”原来她把剥下来的大蒜瓣排成了一条长长的队，一个蒜瓣紧挨着一个，就和他们平时排队一样呢。“快来排一排、数一数吧。”“数不清楚，好多呀！”教师对“许多”概念的追问与拓展，使得在剥蒜的过程中，幼儿还认识了“1”和“许多”的不同。

3. 尝蒜

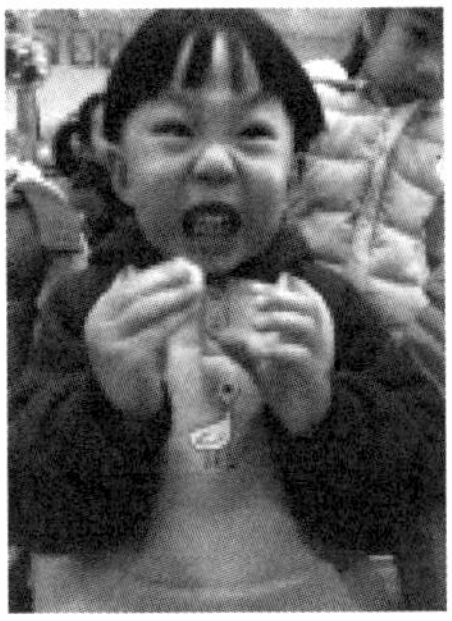

图 4　品尝大蒜

“哎呀，好辣呀。”原来是呈呈，他咬了一口大蒜。看着其余幼儿好奇兴奋的神情，我问了呈呈：“是真的吗？”呈呈说：“是真的，好辣。”我和呈呈的对话引起了其他幼儿的好奇心。他们也纷纷尝试着咬了一口，结果大多数小朋友脸上都出现了嫌弃、讨厌的表情，因为实在是“太辣了”！通过味觉的尝试，幼儿对大蒜的味道又有了新的经验，教师在此时通过鼓励、引导的方式使得更多的幼儿在亲身体验中获得了对事物的认知，这是幼儿主动探究的过程，在此过程中也习得了探究的方法。

咦，珺珺咬完后有了新发现，大蒜里面有一个绿绿的东西，是什么呀？他们开始讨论起来，“大蒜里面怎么会长草呢？”“不是的，不是的，它一定是被虫子咬了。”有人说：“是发霉了。”阳阳不同意了：“你们说的都不对，这是大蒜的芽。”“真的吗？所有的大蒜都有吗？”强烈的探究欲望推动着幼儿，他们决定把大蒜切开来找一找。

开始切啦，可是大蒜总是溜走，刀总是切到桌子上面，大蒜还有点硬，切不动，想要切大蒜的人越来越少了。这天下午，珺珺在生活区中试着切大蒜，她突然高兴地叫着：“老师老师，我切开了。”真的，大蒜被切开了，在游戏的点评环节，我请珺珺和同伴一起分享她是怎么样成功切开大蒜的。珺珺说：“先要把大蒜平放在桌子上面，然后小刀竖放（竖直于大蒜），一手扶大蒜一手拿小刀,用力就切开了。"因为珺珺的成功,第二天大家都抢着去试一试,经过反复尝试,真的,他们发现好多的大蒜里面都有小芽呢。"老师,这个大蒜可以种出来吗?""芽会长大吗?"我说:"你们可以试试,看看芽是否会长大。""好!"于是我们开始了新的探究——种大蒜。

图5　成功切开大蒜

种大蒜

1. 种蒜啦!

大蒜应该怎么种呢? 对于没有种植经验的他们来说,有点难。于是,在活动开始前,我们先一起学习了关于如何种大蒜的知识。知道了原来大蒜可以土培或是水培,还了解了需要用到的工具和流程,大家都听得很认真,可能是因为自己马上就要种了吧!

图6　种大蒜

开始种大蒜啦! 先挖土,每个人都选了自己喜欢的挖土工具,有铲子、耙子,还有自己带来的盆。挖的时候,我提醒孩子们尽量不要把土弄到地上,如果弄到地上了,种完大蒜后要把地面收拾干净。泥土有了,该放大蒜了,压一压、捏一捏,把大蒜塞在泥土里便完成了。还有的是水培大蒜,用自己带来的盆接点水,蒜瓣放进去,就完成了。不一样的种植方式,为幼儿的观察、探究又提供了新的乐趣。

幼儿科学学习的核心是激发探究兴趣、体验探究过程，作为教师，我们不仅要善于发现，更要保护幼儿的好奇心，引导他们通过观察、操作等方法学习发现问题、分析问题和解决问题并应用于新的学习活动。绿色的东西是大蒜的芽吗？能成功吗？会长大吗？瞧，没过几天，大蒜真的发芽了。其实，小班的他们也能通过观察和操作寻找问题的答案。这下子大家都知道了，原来大蒜中间绿绿的东西是它的芽，种在泥土里能够慢慢地长大。

2. 照顾大蒜

"大蒜长高了吗？""我的大蒜有没有长大？"在种完大蒜的头几天，总是能够听到他们在讨论自己大蒜的生长情况，对大蒜的热情非常高涨，有的会给大蒜浇水，有的拿出去晒太阳，还有的跟自己的大蒜说悄悄话呢。"大蒜大蒜，快点长高。""我的大蒜头发怎么这么少呀？"孩子们每天入园第一件事就是去自然角观察自己的大蒜，勤快地给大蒜换水，在照顾大蒜的过程中，也逐渐培养了幼儿照顾植物，爱护花草的习惯，他们的责任感也慢慢地增强了。

大蒜渐渐长高了，可是幼儿的兴趣却慢慢没有了，自然角已经很久没有幼儿光顾了。在自然角进行定点观察时，我发现，一开始有 26 人照顾大蒜，一周后有 19 人会来照顾自己的大蒜，四周后只剩 4 人会来给自己的大蒜浇水了。大蒜的生长还在继续，幼儿对大蒜的热情却已经减弱了，对大蒜的观察也停止了，课程进入了一个瓶颈的状态。

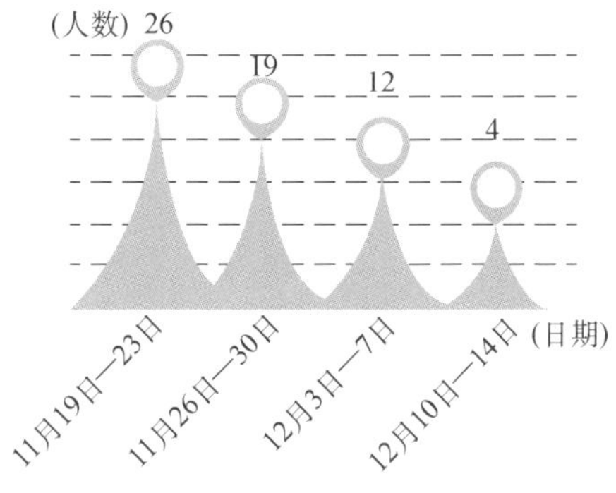

图 7　自然角定点观察幼儿人数

为了让课程继续进行下去，重新激起幼儿观察的兴趣，我投放了新的材料，如：彩色尺子、操作任务卡。幼儿看到了新的工具，纷纷说道，"我来给你量身高。""瞧，我的蒜朋友又长高了一点。"……

又过了好几天，孩子们看到大蒜越长越高，叶片细细的、一条一条的，好像伸出了手臂在向大家打招呼。看着长长的蒜叶，孩子们问我能不能去拔大蒜，我想这是让幼儿参与自主管理的好机会，于是，我提议："最近感冒病

图 8　剪蒜叶

毒太多,我们拔点大蒜叶预防一下吧!”孩子们听到可以拔大蒜,跃跃欲试。开始时,他们用手掐,但是遇到了困难,大蒜叶有点韧性掐不动,这时宸宸想到了一个好方法,说:“我去美工区拿剪刀。”因为已经有过剪纸的经验了,这次剪大蒜也成功了,在他成功体验后,所有的孩子都高兴地效仿他。瞧,这下子他们从原来的不感兴趣,到现在又重拾了兴趣,自然角又开始热闹起来了。

收蒜叶

1. 比一比

“哇,大蒜叶都长这么高了。”许久不见的大蒜叶对他们来说很是新奇,菲菲把剪下来的大蒜叶举到丁丁的面前说:“我们来比一比,谁的高?”丁丁认为他自己的高,菲菲不同意了,丁丁举着大蒜叶站了起来,菲菲不服气了,“你不可以这样子呀!”通过讨论,大家发现比的时候,一头要先对对齐,然后再看谁的比较长。

图 9　比蒜叶

他们通过剪一剪、比一比、说一说,逐渐提升了对大蒜的好感,在这个过程中,他们也发现了一些问题,比如:剪刀应该怎么用? 如何解决比长短的问题? 通过实践活动,他们自己找到了答案。不仅手指精细动作得到了发展,还积累了生活经验。

2. 闻一闻

“哎呀,好像有点臭呢。”这个发现又把故事的发展推向了高潮。“我们拿到教室给大家闻一闻吧。”从外观的比长短到内部的闻味道,幼儿对大蒜叶的认识也随着他们的发现逐渐深入,并且幼儿自己的发现能够调动他们参与活动的最大兴趣。

瞧，他们又露出嫌弃的表情了，看来是真的不太喜欢大蒜叶吧。

但居然有孩子勇敢地尝了一口，但是马上把它吐了出来，“好辣呀！”“呸呸呸，太难吃了。”大家纷纷表达着对大蒜的讨厌，看来离喜欢上绿色蔬菜的目标又远了一步了。这一口咬下去，他们表示要把大蒜叶扔掉了。

3. 说一说

有孩子觉得直接扔掉有点浪费，夏天说：“给爸爸妈妈吃吧。”墨墨说：“可以洗一洗，就像洗小手一样。”顺着他的思路，熙熙也有了答案：“可以做菜，我奶奶做过。”瞧，他们把自己生活中的经验迁移了过来，“还可以放在哪里呢？”我继续追问，北北激动地说：“放在娃娃家炒菜呀。”原来大蒜叶可以做这么多的事情，在幼儿积极大胆的表达过程中，大蒜叶可以做什么的问题也逐渐解决了。

我们尝试给幼儿创设一个想说、敢说的宽松语言环境，搭建支架，让幼儿在游戏、生活中自然而然获得新的经验，这正是杜威提倡的“经验课程观”的理论。

把幼儿的想法用他们能够理解的方式画下来吧，你来说我来画，不一会儿，一幅简易的思维导图完成了，直观的呈现方式更容易激发幼儿的想象力与逻辑性。

4. 做一做

大蒜叶到底用来做什么呢？根据投票结果显示，“把大蒜送到厨房去”这一项的星星是最多的。

好，立刻行动！可是送给厨房的大蒜是需要洗干净的，在清洗的过程中又遇到了问题，大蒜叶太长了洗不到怎么办呢？芊语想到一个好方法说：“折一折”。这个办法果然很好用，先折一折，再搓一搓，最后还要甩一甩，水可不能滴到地上哦。幼儿将平时洗手的经验迁移到了洗大蒜的活动中。

图 10　幼儿讨论、汇总

大蒜洗干净了，终于可以走出教室送大蒜咯，这是他们第一次走进厨房，第一次看到厨工阿姨，但却

图 11　送蒜叶至厨房

没有一丝的陌生感，他们勇敢地对阿姨说：“阿姨，我们洗干净了，这些蒜叶可以送给你做菜啦！”

“这么多大蒜叶，可以做大蒜饼了，炒菜也够用了，谢谢小朋友们。”阿姨一个随意的回答却成了他们感兴趣的话题。芊语念叨着：“做饼，老师我们做大蒜饼吧”。

5. 大蒜饼

“可是做饼需要哪些材料呢？你们会做饼吗？”他们回答道：“会的！会的！”好吧，我们一起试一次，还是采用小班幼儿能够接受的方式：用图画来记录需要的材料。瑶瑶说：“我家有牛奶。”呈呈说：“我把家里的鸡蛋带来。”熙熙说：“我家有锅子，妈妈用它给我做早饭吃。”为了满足他们想要挑战任务的愿望，我们还特地准备了任务卡，图文并茂地解释了需要带的材料：1 个鸡蛋、1 盒牛奶、1 袋面粉……

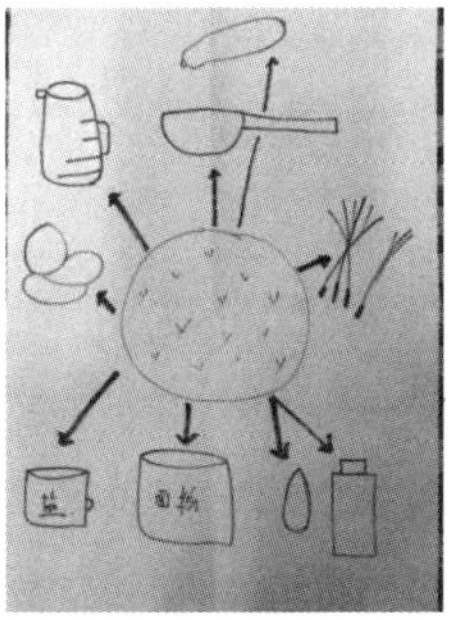

图 12　收集材料

第二天入园，孩子们手里拎着沉甸甸的材料，兴奋地说：“老师，这是我带的。”有盐，有鸡蛋，有火腿肠。小班的幼儿虽然是以无意记忆为主，可是在这次活动中有了任务卡的支持，他们的记忆被强化了，这是第一次在没有通知家长的情况下幼儿独立完成的任务，这次活动也增强了他们的责任意识。

终于，他们最喜欢的做大蒜饼活动开始了。瞧，这回剪大蒜的都是熟练工了。丁丁一手抓大蒜一手剪一剪，轻轻松松地完成了任务，在把大蒜送去小厨房的路上脸上也洋溢着幸福感。洗一洗，切一切，拌一拌，再加点火腿肠，和上面粉，倒进锅子里面煎一煎，制作完成。

“老师，什么时候才能开始吃呢？”孩子们迫不及待地问。终于可以吃啦，大家纷纷围着锅子伸着手说：“我要吃。”刚拿到就迫不及待地放进了嘴巴里面。“好好吃呀。”“真香！”还记得墨墨吗？第一次尝试吃生大蒜的表情。哈哈，这一次他们发现原来大蒜叶饼是如此美味的食物啊，都喜欢上了大蒜。

图 13　制作大蒜饼

6. 大蒜美食

还有事情没有完成呢。我在和幼儿的沟通中约定，每人回家找一找家里面的菜有没有大蒜叶，试着吃一吃，尝尝味道。通过制作大蒜饼，到找寻家中有蒜叶的菜并尝试着品尝，渐渐的，孩子们真的爱上吃大蒜了。看着爸爸妈妈发来的一张张照片，他们不仅把大蒜吃了下去，甚至把大蒜的活动带回了家，自己在家做大蒜饼吃。还会帮妈妈一起挑菜、洗菜。看到他们的成长，我内心感到很温暖。

图 14　大蒜美食

通过这个活动，幼儿还主动把幼儿园的课程带回了家，让家长也逐渐认可了我们工作的意义，家长们都表示，孩子们现在都愿意吃大蒜了，蔬菜也能够多吃一些了。

7. 娃娃家厨房里的大蒜

在幼儿园，他们还把大蒜融入娃娃家的游戏中。先去超市买大蒜，买回家后让“妈妈”切一切、炒一炒，开饭啦。北北更是把奶奶在家里炒菜的情景还原了出来，先放油，再放大蒜，还要加点水，然后再炒一炒，完成。

在角色游戏中，幼儿融入了日常生活中的经验，但又创造性地加入了新的资源——大蒜，游戏源于生活，但融入了想象后，游戏的呈现又高于生活。

腌蒜瓣

1. 意外的礼物

大蒜课程不仅影响了孩子，还感动了家长，一份意外的礼物来到了班级。

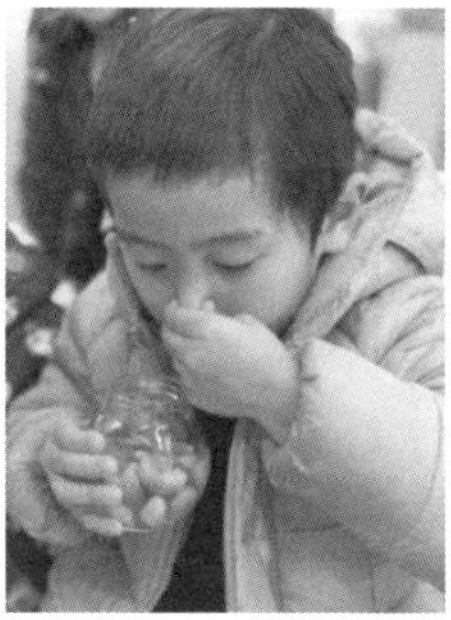

图 15　闻腊八蒜

周一进班时，家长指着自己孩子的书包说："老师，看到你们一直在研究大蒜，正好我们也做了一些腊八蒜，这是我们自己地方的传统小吃，到时候可以和孩子们一起分享一下。"这也是我第一次见到腊八蒜，我被它的外形和颜色给吸引了，如果给孩子们看，他们一定也会感到很惊奇的。

果然我一拿出来，他们纷纷指着问："老师，这是什么呀？"我介绍说这是腊八蒜，是北方的一种传统小吃。丁丁主动来闻一闻，说道："哎呀，好酸啊。""能吃吗？"宸颖肯定地说："为什么是绿色的？一定是放了什么东西吧！"

2. 找答案

通过讨论，我们决定在网络上查找答案。我们一起在网络上搜索了"腊八蒜"，找到了一段视频。视频中介绍，原来腊八蒜是用紫皮大蒜浸泡在米醋里后制成的。大家纷纷说："这是可以吃的呀。"原来就是大蒜简单地腌制了一下，他们兴奋地猜："是什么味道？"嘉嘉说："肯定是甜甜的，我喜欢吃甜甜的。""真的吗？"航航第一个说："我先试一试。"他一下子就吃完了。多多舔了一下就扔掉了，说："咦，好辣呀。"嘉嘉说："我喜欢吃这个。"他也一口就吃完了。其他小朋友有的愿意尝一尝，有的拒绝了，考虑到一整个大蒜全部吃完可能会对他们的肠胃产生过度的刺激，因此我把它切成了一小块一小块的，愿意的可以尝一尝。原来腊八蒜是可以吃的，可是"为什么它是绿色的"这个问题我们还没有解决呢。诺诺说："我们可以学电视里面做呀。"

3. 尝试制作腊八蒜

元旦前，我们开始制作腊八蒜。选取同样规格的六个玻璃瓶，每组放同样数量的大蒜，将米醋倒至与蓝色水平线平行，拧紧瓶盖，腊八蒜腌制初步完成了。接下来就是等待。“什么时候会变绿呢？”恩伊问。这个问题我们可以一起去找找答案。

图 16　观察腊八蒜

孩子总是会时不时地去观察、看一看放置在班级区域中的腊八蒜，“大蒜变绿了吗？”“腊八蒜好了吗？”一天、两天，大蒜没有发生变化，到了第三天，大蒜有点变绿了，宸颖兴奋地向大家传达着这个好消息，大家纷纷来观察腊八蒜，真的，有点变绿了，但是还不能吃哦。

元旦过后，已经是腌大蒜的第六天了，孩子们放假回来一进教室就去看大蒜了，发现好多的大蒜都变绿了，我们的观察每天都在继续，直至第十五天，所有的大蒜都变绿了。

我们的收获

大蒜的故事暂时告一段落了，我们在活动中收获了什么？

1. 重视(识)价值要准

真正落实以儿童视角发现课程，基于儿童兴趣需求推进课程的具体实践。正如大蒜故事的走向，自己猜中了开始，却幸运地能和孩子们一起走向了一个阶段的终点。

2. 发现问题要实

在故事中，我们的孩子学会了什么？剥、数、剪、比、切。获得了什么？对大蒜的丰富经验。建构了什么？探究大蒜发芽的秘密，丰富未知经验。获得了什么样的能力？尝试探究解决问题的能力。这需要教师更多的衔接，当然还需要教师有敏锐的观察，判断发现有价值的问题。

3. 改变现实要力

课程要立足幼儿经验，走向核心素养，用我们的行动力去发现，拓展更多有益的课程。共同参与,共同成长,无论是幼儿,还是教师,抑或是家长。

我们尝试着以儿童观带动课程观,努力把权利还给孩子!

这次是从蒜的味道开始的故事,下次可能会有新的发现,大蒜的故事仍在继续……

中　班

ZHONGBAN

爱心小侦探

苏州科技城彭山实验幼儿园　章婧婧

持续时间:2018 年 12 月至 2018 年 12 月

年龄段:中班

缘起

星期一的早上,曦曦像往常一样来到班级的自然角。“呀,我们的小鱼不见了!”曦曦喊了起来。森森闻声而来,两个人面面相觑,看了看站在一旁的老师,就连老师也不知道小鱼去哪了,俩人赶忙回到班级,问了其他小朋友,都说没看见。只有昊昊摸着脑袋说:“我好像见过,是昨天吃完饭看到的。”其实,那已经是上周五的事情了。

图 1　发现鱼不见了

图 2　询问班级小朋友

一时间“金鱼去哪儿了”引发了全班小朋友的猜测和讨论。

轩轩:“它自己从鱼缸里跳出来去玩了吧!”

一凡:“它死掉了吧?”

贞之:“不对,死掉了它就在鱼缸里一动不动了,它有可能去我们种植园地的大池塘了吧?”

国晨:“我知道了,肯定是野猫吃掉了!”

文文:“会不会是别的班的小朋友抓去了?”……

图3 美工区:幼儿画的“小鱼去哪儿”的猜测

看着孩子们兴致勃勃,猜测不断的样子,也引发了我们的思考。

我们的审议:

这是一个偶发事件,也是一个偶发资源。

这是一个真问题。幼儿主动发现、主动发问、主动思考,好奇心充分被激发。

这是一件有待琢磨的事。对幼儿来说,需要琢磨的是:金鱼去哪了?它会回来吗?……对老师来说,需要琢磨的是:幼儿会用什么方法去找答案?在这个过程中他们需要什么样的支持?

各种各样的猜测出现了,何不鼓励幼儿像侦探一样行动起来去验证自己的猜测呢?我们决定退到幼儿身后,跟随他们,支持他们。

寻鱼

1. 寻鱼行动 1.0

寻鱼行动开始了。既然班里的小朋友不知道鱼去哪儿了,孩子们决定去问问幼儿园里的其他人。孩子们问了别的班的老师、小朋友、打扫卫生的阿姨……霖霖来到中八班:“你见过我们班的鱼吗?”

中八班男孩:“你们班的鱼?可是我不知道你们班的鱼长什么样啊。”

霖霖："好吧……"（霖霖很失落）

孩子们一无所获。回到班级，霖霖把这件事告诉了大家。森森想到了好办法，他说："我们可以把小鱼画下来再去问别人。"孩子们纷纷同意。

图 4　画鱼

图 5　五颜六色的鱼

画完了鱼，又遇到新问题了，画出来的五颜六色的鱼引发了争议。

尧尧："我们的鱼身上没有蓝色、绿色，它是黄黄的。"

文文："我看到它身上是红红的、黄黄的。"

奕昂："对，画得不像是找不到我们的鱼的。"

哥哥："我画的像，它身上还有橘色的。"

霖霖："我的最像，尾巴像一个三角形一样的。"

在争论中孩子们达成了一致意见：我们班的鱼身上是红色和橙色相间的，尾巴有点像三角形，眼睛又圆又大。孩子们又重新画了一次，拿着小鱼画像再去问问其他人。孩子们分头行动，有的走进了别的班，有的来到了保健室，有的找到了保安叔叔……

2. 寻鱼行动 2.0

一个上午的时间很快就过去了，孩子们不得不回到班级吃午餐，看着孩子们依依不舍的表情，我问："除了我们自己出去找，还有什么办法能让别人知道我们在找小鱼？"

奕昂："我看到人家狗不见了会贴一张纸。"

老师："贴在哪里？"

奕昂："我们家楼下的墙上和树上都有。"

老师:“这叫寻狗启事,是告诉别人有人在寻找丢失的狗。”

图6　在楼梯上张贴寻鱼启事

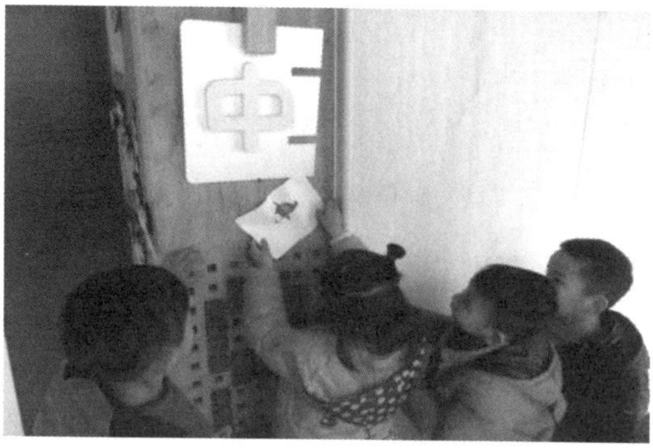

图7　在墙壁上张贴寻鱼启事

弟弟(哈哈哈大笑起来):“我们在找鱼,我们是寻鱼启事!”

孩子们纷纷表示也要把我们的画贴在幼儿园!

老师:“贴哪里能让更多人看到呢?”

孩子们:“大门口、餐厅、操场、楼梯上……”

说干就干!吃完午饭,趁着散步的时间,孩子们在各个地方张贴寻鱼启事。

虽然,我早已预见了白纸上只有一条鱼的寻鱼启事的失败,但是我愿意耐心地等一等。

3. 寻鱼行动3.0

过了好几天,仍然毫无音讯,孩子们有了自己的猜测,曦曦说:“可能是他们没看,也可能是他们看不懂。”经过讨论,孩子们认为很多人都看到了幼儿园各处都贴了一张画着一条鱼的纸,问题应该是大家看不懂。我提议:我们要不要看看别人的寻物启事是怎么样的呢?于是我们借助班级的一体机上网搜索,看了好多寻物启事,在观察、比较和讨论中我们知道了寻物启事需要呈现哪些信息。

照片/画:丢失物。

文字说明:什么时候丢的,在哪里丢的,怎么丢的,希望找到的人怎么做。

数字:电话号码、可能的感谢酬劳。

一凡:“原来,寻物启事要这么多信息。”

奕昂："是啊，我们的只有一条鱼在上面太少了。"

玥瑶："可是我们不会写字啊……"

曦曦："我们可以画下来。"

这可真是个好办法，得到了其他小朋友的认可。

这回，我们要画真正的寻鱼启事啦，这可不是件容易的事，第一次尝试就发现了好多问题，粗心的我们漏掉了好多重要信息呢。有的少了中九班，有的少了"小鱼不见了"的画，有的少了电话号码……

图 8　第一次画的寻鱼启事

我关注到几乎没有小朋友在纸上表现出对他人的感谢，我问："如果别人帮助我们找到了小鱼，我们可以怎么感谢他们呢？"

千禧："可以说谢谢你。"

贝尔："可以给他一个爱心。"

美希："可以给他送礼物。"

讨论之后，我鼓励孩子们继续丰富自己的寻鱼启事。

图 9　孩子们感谢他人的方式

他们有的问老师要来了幼儿园的通讯录，对照着三位数的内线号码写了上去，有的在同伴的帮助下写上了歪歪扭扭的甚至是反向的中九班，还有的加上了对他人表示感谢的方式……这一次，信息丰富多了。

图 10　丰富之后的寻鱼启事

孩子们互相看了看，又检查了一番，确保没有信息遗漏就迫不及待地到隔壁班询问："你们看懂我们的画了吗？"他们兴致勃勃地出门，却都失望而归，我猜结果一定不如人意。回到班级孩子们讨论说："可能他们看得不认真。""我们的画只有我们自己能看懂。""我说了半天他们才看懂。"……看着他们一张张失落又不愿意放弃的小脸，我竟有些不知所措了。我说："你们画得都很棒，那你们愿意把自己的寻鱼启事贴出来吗？说不定会有人看懂，帮我们找小鱼呢！"孩子们同意了，就在我们出门准备张贴寻鱼启事时，

图 11　张贴寻鱼启事

偶遇了中十三班的孩子们，我想做最后一次尝试，选择了一张画面内容较为清晰易懂的，询问中十三班的孩子们，在我的提醒下有一个女孩子真的看懂了寻鱼启事！我身后的孩子们别提多激动了，终于有人看懂我们的寻鱼启事啦！张贴寻鱼启事的劲头都足了不少，脚步都快了许多呢。

4. 寻鱼行动4.0

寻鱼启事张贴好几天了，小鱼依旧如石沉大海般无任何消息。我们的寻鱼行动结束了吗？当然没有，小侦探们又有新发现。

一天，曦曦在走廊里和森森聊了起来："我想到了更好的办法！这里有个摄像头，它从这里正好照到我们的自然角！""对，我们可以去找保安叔叔看监控！"他们俩把想法告诉了我，看着他们兴冲冲马上想要冲到保安室的神情，我鼓励他们大胆去做。到了保安室，保安叔叔询问了查看监控的原因和具体位置，孩子们都一一回答，但是当问到查看监控的时间段时，把他们问蔫儿了。两个人互相看了看，又回头看了看我，我告诉他们看监控需要有较明确的时间段，我们决定先回到班级确定小鱼丢失的时间再来。其实距离小鱼丢失已经过去了一个多星期，即使我帮助孩子们一起回忆时间，也存在一定的困难。

老师："我们的小鱼是什么时候不见的？"

曦曦："星期一早上我发现不见的。"

昊昊："昨天（前一天）中午我还看见的。"

老师："星期一的前一天是周日哦。"

昊昊："那就是还要昨天。"

老师："是星期五吗？"

昊昊："对！"

我们在讨论中确定了查看监控的时间段是星期五的中午到星期一的上午！在保安叔叔的帮助下，我们有了重大发现。

原来，我们的小鱼被野猫吃掉了！这只野猫在我们自然角足足待了5分钟，孩子们看到这一幕，都有话要说。

一凡："我都要晕了……小鱼被猫吃掉我还是第一次看到。"

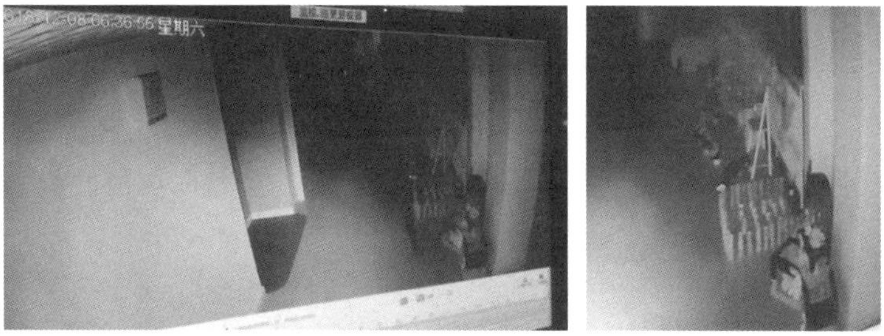

图 12　猫吃鱼的监控视频

弟弟(神情紧张,皱眉):“我心里的感受是,我很生气很生气,我想要把猫打死!”

曦曦(苦笑着):“我太伤心了,我都有点……有点想哭了,我第一次看到……那种感觉,我第一次看到猫把小鱼吃掉了,我真的很伤心。”

我们的寻鱼行动最终以确认鱼被猫吃掉而告终,从发现小鱼不见到找到真相,历时十一天,这十一天也伴随着老师的思考和审议。

我们的审议:

① 寻鱼启事。源于生活经验的分享,发展于一次次的尝试、失败、调整、再尝试的实践中。其实,用绘画的方式表征寻鱼启事对中班的幼儿来说是有难度的,但是孩子们迫切想要找到小鱼,即使有困难也没有放弃。我想,认知的过程也许就是一次次的试错过程,这不正是皮亚杰同化顺应理论的通俗体现吗?从这一个小小的寻鱼启事,我们貌似窥见了寻物启事的由来。

② 表征中的差异性。幼儿的绘画表征不能单纯地以“像不像”“是否看得懂”作为判断标准,但当寻鱼启事中孩子们一致认定“像”的小鱼更容易被找到,“看得懂”的寻鱼启事更容易成功时,我们最终愿意尊重他们,允许他们去比较、去询问。为了能给孩子们更多信心,最后一次试验如我所愿成功了,但是我们选择不进行经验分享,目的是保护孩子们对于表征事物的个性化发展。

③ 对符号的表征。数字表征中的错误现象,很相似,最为明显的是“9”的表征。也许是相互模仿学习的结果?这样的现象正常吗?在纠正与否以及如何纠正拿捏不准时我们请教了南师大的张俊老师,得知:错误表征在中班幼儿身上很正常,如果班里出现了大量的相似错误,教师可以考虑用游戏

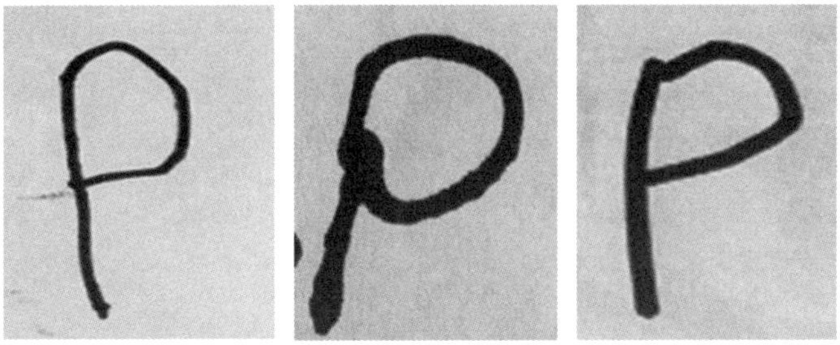

图 13　反向的“9”

的方式引导幼儿观察和比较，加深对数字符号的正确认识。于是，我们开展了“找 9”游戏。

④ 情绪体验的关注与引导。在寻鱼启事前前后后，伴随着失败与成功的情绪体验，最后孩子们对于猫把鱼吃掉了这件事有着丰富的情绪表达：愤怒、晕、生气、伤心、难过等。鼓励孩子们把自己的情绪说出来之后，如何引导也引发了我们老师的讨论：猫吃鱼、鱼吃虾米是自然界正常的食物链，理性地传递给幼儿这一自然规律，但是我们允许每个孩子对事物有不同的看法、不同的情绪表达。

⑤ 时间概念。时间名词的概念所代表的具体意义尚未在幼儿的认知中形成，他们往往用“昨天”表示已经发生过的事情。因此，我们能做的就是结合具体的一日生活事件帮助孩子们感知时间。

虽然寻鱼行动结束了，但是在班级里依旧时不时能听到孩子们对于猫和鱼的讨论，可见孩子们的兴趣没有消失，那何不把这件事继续下去，深入下去呢？我们找来了新的小鱼，孩子们面对新来的小鱼，又会有怎样的反应和表现呢？

护鱼

1. 讨论护鱼方法

孩子们一致决定展开护鱼行动。那么怎么保护鱼呢？我们讨论出了很多的方法。最初我们对于伤不伤害猫这一问题产生了分歧。

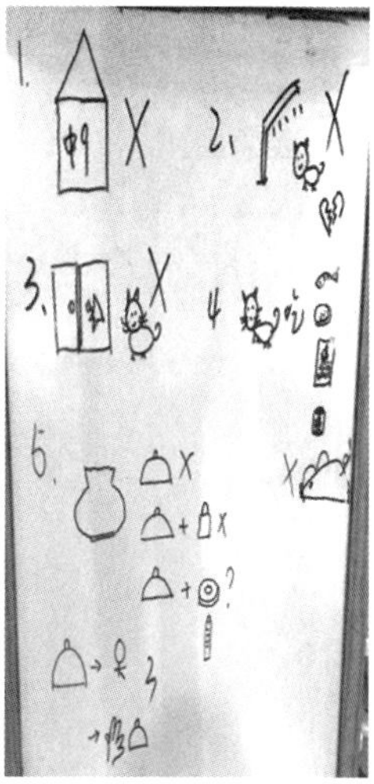

图 14 讨论保护鱼的方法

森森:“晚上我们把小鱼放到班级猫就不会吃掉它们了。”

曦曦:“不行的,紫外线灯有毒的,小鱼会死的。”

老师提醒道:“紫外线灯有消毒作用,对人和动植物会有伤害。”

千禧:“那我们可以用紫外线灯杀死猫。”

奕昂:“我们把猫抓起来好了。”

一凡:“不行的,猫死了,它的爸爸妈妈也会伤心的。”

贝尔:“对啊,猫也很可怜的。”

最后,善良的孩子们还是决定在不伤害猫的前提下保护小鱼。

于是我们在众多方法中选择了一种马上可以行动起来的,那就是:给鱼缸做一个盖子。

2. 制作鱼缸盖子

做盖子先得有材料,孩子们在班级里搜罗了一番,觉得方盒子、圆盒子、硬纸板、鸡蛋托、超轻黏土都是可以选择的材料。我们按照材料让小朋友自由选组,最初,有的组无人问津,有的组人满为患,在老师的协调下,每组约 7—9 人。找好了材料就要开始做盖子了,制作盖子的过程可没有想象中那么简单,制作过程中,每一组都遇到了很多问题和困难。

硬纸板组在盖子的形状上遇到了一定的挑战。最初孩子们将方形的硬纸

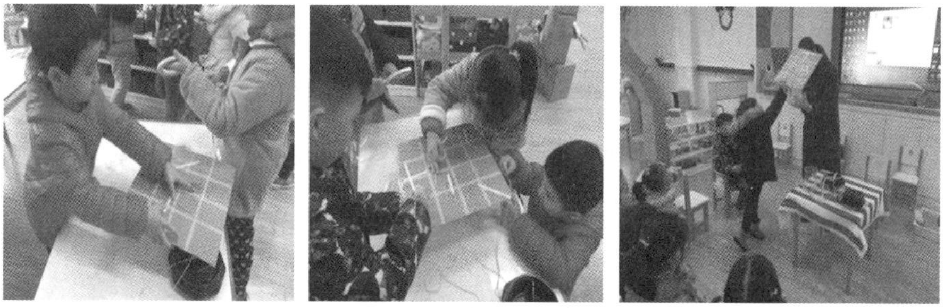

图 15 硬纸板组的失败

板直接盖在了圆形的鱼缸口，尝试用双面胶和毛线固定，但在集体验证环节一下子就被聪明的“猫”掀翻，宣告失败。

我引导他们观察：圆形口的鱼缸更适合什么形状的盖子？答案是圆形！那么怎么才能将硬纸板变成一个圆形呢？经过思考和讨论，孩子们想到了好办法：把鱼缸倒扣在纸板上，沿着鱼缸口画一个圆，然后沿着画的线将圆剪下来，用胶带将圆形盖子和鱼缸口固定，再在盖子上戳上几个洞，以防鱼闷死。硬纸板组终于成功啦！

图 16　硬纸板组成功啦

方盒子组与圆盒子组都遇到了怎样用绳子将盖子与鱼缸牢牢捆绑住的困难。从随意绕圈失败多次到最后找到了十字交叉捆绑法，并在老师的帮助下成功打结。相比之下，鸡蛋托组遇到的困难是最大的，最初选择的鸡蛋托因为凹凸不平，无法与鱼缸口很好地贴合，尝试多次都失败了，正当组员逐渐失去信心快要放弃的时候，小希从波点游戏墙的红酒瓶塞中得到了灵感，提议：可以用超轻黏土做一个像塞子一样的鱼缸盖。于是，组员们重拾信心，放弃鸡蛋托，改用新材料超轻黏土，尝试了两次就成功了。

图 17　方盒、圆盒组成功啦

图 18　黏土组成功啦

3. 验证成败

到了真正考验鱼缸盖的时候了。孩子们把盖了硬纸板盖子的鱼缸放到了自然角，过了一夜，第二天一早，孩子们惊喜地发现：小鱼还在！但是我

图 19　小鱼还在

图 20　猫又一次来了

的思考是:如果昨晚猫没来,就不能说明我们的护鱼行动成功了,于是我又去调看了监控。

猫真的又来了,但是看了一眼我们的鱼缸又走了,孩子们看到了监控视频,开心地跳了起来:我们成功了!

图 21　我们成功啦!

我们的审议:

① 失败 or 成功? 我们的护鱼行动成功了吗? 我想对孩子来说是的,这样的成功带来了积极的情绪体验,或许某一天聪明的猫又会得逞,把鱼吃掉,那又有什么关系? 这是自然界最最真实的食物链! 我想,经过了这样的尝试,我们的孩子已经具备了面对失败的能力,说不定,他们会选择再次发起"护鱼行动";也说不定,他们会逐渐接受食物链的自然规律。

② 试错是宝贵的。每一组在护鱼行动中都不是一帆风顺的,我们每位老师定点跟踪着一组,在不断地提问中引导孩子们的探索活动。在这样的时刻,老师是引导者和支持者。

分享经验

分享源于在查看视频时一个小朋友细心的发现:猫跑到其他班级的自然角啦! 我抓住机会赶紧提问。

老师:"怎样可以把我们保护小鱼的方法告诉其他班呢?"

梦艺:“走到他们班去告诉他们。”

老师:“还有什么方法?”

千禧:“我们可以打电话告诉他们。”

奕昂:“我想把我们的方法画下来,就像我们运动会的时候一样,画大一点,让大家都看到。”

美希:“还可以用对讲机。”

…………

孩子们选择了自己喜欢的方式,开展了宣传。有的打电话,有的去演讲,有的制作了展板,还有的借了保安叔叔的对讲机……

图 22　分享护鱼经验

我们的审议:

分享的方式没有最好,允许多样。分享,其实是一种信息传递,最初讨论时还有投票环节,后来经过审议决定尝试多种方式进行分享,信息的传递允许多样性也是以现代通信技术、互联网技术不断发展为前提的。孩子们在分享过程中收获了很多意想不到的经验：根据电话号码打电话的经验，自主制作宣传展板的经验，语言表达（演讲）经验、社会交往经验……

我们的感悟

孩子们是温暖的爱心使者。从他们发现鱼不见了时的焦急，到找小鱼时的投入，再到发现小鱼被猫吃了时的愤怒，即便愤怒也决定在不伤害猫的情况下去保护小鱼，这点点滴滴的片段，他们的情绪真实地感染着我们，他们的善良也温暖着我们。

孩子们是执着追寻真理的侦探家。在找小鱼时火热的好奇心和不断深入的猜测体现了他们的睿智与思考，寻鱼启事不断地修改完善体现了他们的坚持与严谨，保护小鱼的尝试中连连失败迎来最终的成功体现了他们不畏困难的探索与执着。

孩子们是会思考勤动脑的行动派。他们爱思考，无论对错，都毫不犹豫去尝试；每次失败之后他们依然思考、讨论、优化，然后继续去尝试；他们在主动学习中获得经验。

孩子们是认识世界创造世界的能力者。在短短一个月的时间中，孩子们表现出认识世界、创造世界的能动性。情绪情感、语言表达、艺术表征、社会交往、探索发现都得到了发展，具体阐述见下表。

表 1　幼儿经验与能力的建构

经验与能力	如何自我建构
感受和理解情绪	发现猫吃了鱼后愿意表达自己的情绪，也愿意倾听他人情绪，能理解并接纳不同的情绪
语言表达趋于完整	在询问鱼去哪了，讨论寻鱼启事、护鱼方法，用打电话、演讲等方式宣传过程中能基本完整地讲述事件，和他人交流中能使用礼貌用语
绘画表征不断丰富	尝试用符号和图画不断丰富寻鱼启事和宣传展板，在表征过程中通过观察模仿学习新的表征方式，不断丰富表征内容

（续表）

经验与能力	如何自我建构
社会交往技能升级	尝试主动礼貌地询问他人，在制作展板和讨论中愿意接受和听取同伴的意见和建议，在轮流的基础上初步尝试并体验合作
对自然现象好奇并乐于探索、坚持实践	对于鱼不见了的现象产生好奇心，并能主动发问、猜测，在鼓励下去实践探索答案；在寻鱼启事的制作过程中，自我质疑、迁移经验、调整方案、多次尝试不放弃
在探究中认识事物，发现规律	对“寻物启事”的认知在一次一次的观察模仿学习中丰富起来，在寻鱼的过程中进一步感知猫吃鱼的食物链规律，在护鱼行动中发现了盖子的奥秘，在宣传活动中感受信息传递的多样性
艺术表现和创造得到实践	能运用绘画、手工等方式表现自己的经验（宣传板），对于鱼不见了的事件进行了创造性的表达（寻鱼启事）

我们的进一步思考

在寻鱼启事的引导过程中，当“像不像”“是否看得懂”成了孩子们自发的观察比较的评判标准时，我们追随了幼儿，但是如何引导幼儿尝试更多元的评价值得继续思考。

护鱼行动基于情感，最终所谓的成功可能只是暂时的。应该如何引导幼儿正确看待食物链？尤其当情感和自然规律有矛盾时，首先需要提升教师对于食物链相关知识的科学素养，其次需思考基于幼儿年龄特点如何将食物链专业知识转化为幼儿感兴趣的易懂的内容，并用何种方式传递给幼儿。

这样一个偶发事件，在事件发展过程中，对于幼儿的行为和问题有时候不能马上给出回应和引导，比如在表征问题上，可见，教师的专业素养有待提高。

在过程中捕捉到幼儿一些有趣的问题，可以延伸到家庭，鼓励家长关注、陪伴孩子继续探索。如何家园一致激发幼儿的探索和深度学习也需要教师不断修炼。

蚕宝宝成长记

苏州高新区惠丰幼儿园　相军章

持续时间:2018 年 4 月至 2018 年 6 月

年龄段:中班

缘起

有一天,彦彤带了一些蚕宝宝到教室来,小朋友们对这些新来的小伙伴很感兴趣,每天都围着蚕宝宝进行观察和讨论。

《指南》科学领域中指出:成人要善于发现和保护幼儿的好奇心,充分利用自然和实际生活机会,引导幼儿通过观察、比较、操作、实验等方法,学习发现问题、分析问题和解决问题;帮助幼儿不断积累经验,并运用于新的学习活动,形成受益终身的学习态度和能力。

蚕宝宝的饲养过程蕴含着丰富的教育价值和挑战性。我们抓住幼儿的兴趣点和能力发展的挑战点,支持和鼓励幼儿的探究行为,一次关于蚕宝宝成长的探索开始了。

图 1　小朋友们一起观察彦彤带来的蚕宝宝

蚕宝宝的出生

1. 蚕卵

第一次见到蚕宝宝,孩子们就有很多的疑问,比如蚕宝宝是从哪里来的,刚出生的蚕宝宝是什么样子的。于是,我们发动家长和孩子一起寻找和收集了一些蚕卵，投放在班级的科学区中，供幼儿观察学习。可是蚕宝宝一直不出来。他们猜测可能是蚕宝宝怕冷。针对这个问题，孩子们和家长一起查阅资料收集信息，得知蚕宝宝的出生需要一定的温度，24 ℃到 25 ℃是最适宜的温度。于是，我们将温度计投放到科学区，孩子们和老师一起学看温度计，发现我们投放蚕卵的环境温度没有达到 24 ℃。那怎么办呢？孩子们又展开了激烈地讨论，有的小朋友说放到空调房里；但是有小朋友提出，放学了空调也不能一直开着；有的小朋友说给蚕卵盖上被子就暖和了……最后孩子们讨论决定给投放蚕卵的盒子加上盖子，就像盖了被子一样，并把装蚕卵的小盒子放到大纸盒里，以此来提高蚕卵的环境温度。

从蚕卵里出来的蚕宝宝到底是什么样子的呢？孩子们和家长一起翻阅书籍，还找到了一些视频素材来和大家分享。

图 2　幼儿对蚕卵进行观察和讨论

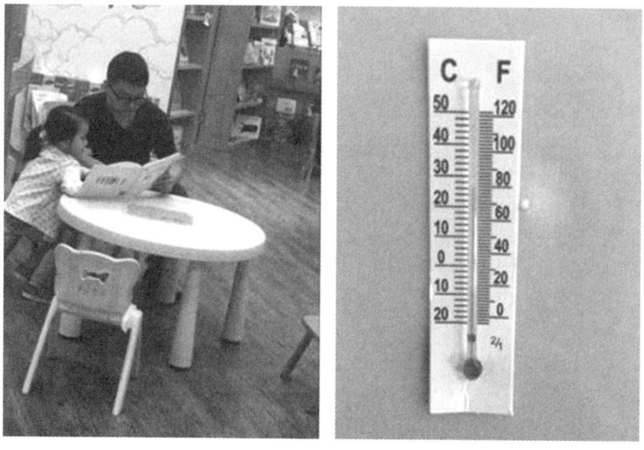

图 3　幼儿与家长查阅蚕宝宝出生资料、我们投放了温度计

2. 蚕宝宝出生了

关注了温度的因素，给蚕卵的盒子加盖保温之后，没过几天，孩子们惊喜地发现蚕宝宝果然出生了，这是孩子们在饲养蚕宝宝的过程中第一次尝试调查、收集信息，运用工具等方法进行探索，最后通过观察验证发现了蚕宝宝出生的秘密。孩子们有了成功的体验，更加有信心了。

蚕宝宝长大了

1. 蚕宝宝吃什么

有的孩子第一次接触蚕宝宝，担心被蚕宝宝咬，我们根据观察到的情景写了观察记录，进行行为分析，并提出了相应的改进策略。

（1）观察案例。

彧晟说："我能把蚕宝宝放在我手上吗？我想让它在我手里爬。"

梓晨笑着说："你不怕吗？"

彧晟说："不怕。蚕宝宝是食草的。"说着他把蚕宝宝放在自己手里，蚕宝宝在他手里动来动去。彧晟和梓晨笑了起来。彧晟对梓晨说："你也试一试。"

梓晨皱皱眉头，食指和大拇指轻轻地捏住一只蚕宝宝，慢慢地把蚕宝宝放在手里，低着头皱着眉看着手里的蚕宝宝。梓晨反复地问彧晟："蚕宝宝真的是食草的吗？它不会吃我的手吧？"

彧晟回答："当然不会了。"

啸飞也把蚕宝宝放在手里，还拿了一个放大镜，眼睛一眨不眨地盯着蚕宝宝。过了一会儿，啸飞笑着对我说："蚕宝宝真的没有咬我的手。"

在同伴的鼓励之下，有的小朋友把蚕宝宝放在手里，并用放大镜来进行观察验证，得出了"蚕宝宝不会咬我们"的结论。

（2）实验求证。

蚕宝宝不会咬我们的手，那么蚕宝宝吃什么？它只吃桑叶吗？《指南》中科学领域给我们提出了教育建议："认真对待幼儿的问题，引导他们猜一

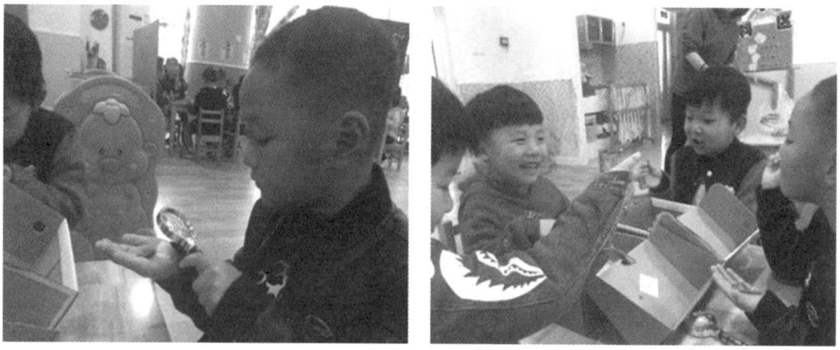

图 4　观察讨论蚕宝宝

猜、想一想，有条件时和幼儿一起做一些简易的调查或有趣的小实验。”于是，我们鼓励孩子收集了蚕宝宝可能喜欢吃的食物来进行实验。孩子们带来他们认为蚕宝宝可能会吃的东西，苹果、豆类、莴苣、青菜、树叶等等，通过实验，孩子们有点小意外，蚕宝宝最喜欢吃桑叶，还吃了一点莴苣叶，其他的都不吃。他们在日记本中也记录下了自己通过实验得到的结果。

图 5　幼儿为验证蚕宝宝吃什么所带的部分材料

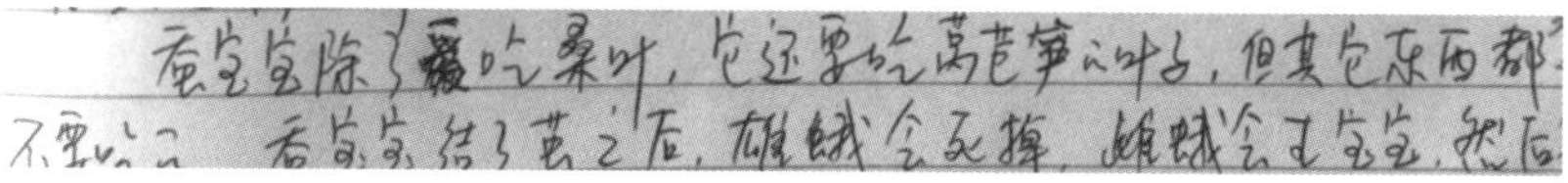
蚕宝宝除了吃桑叶，它还要吃莴苣笋的叶子，但其它东西都
不要吃。 蚕宝宝结了茧之后，雄蛾会死掉，雌蛾会生宝宝，然后

图 6　幼儿和家长在记事本中记录下了自己实验结果

（3）认识桑树。

孩子们通过探讨、收集资料和实验后得知，蚕宝宝最喜欢吃桑叶。很多小朋友都说多采一些桑叶给蚕宝宝吃。那么桑叶长在哪里呢？桑树又是什么样子的呢？子昕想起了小班植树节时她在幼儿园种的桑树。于是，我们带着孩子们到幼儿园里找到那棵树，一起认识桑叶和桑树的外形特征。接

下来的日子里，小朋友们就可以和爸爸妈妈一起依据桑树的特征去寻找桑树、采桑叶来喂蚕宝宝。

图 7　到户外寻找子昕小班植树节时种的桑树，观察、认识桑树

在喂养过程中，孩子们发现了大桑叶基本没动过，而小的、嫩的桑叶却被吃得差不多了。针对这个发现，我们开展了一次谈话活动。孩子们发现蚕宝宝太小了，只能吃小的、细的桑叶。这是他们对生活经验的迁移。后来，在来园活动中，孩子们会自发把桑叶剪碎喂蚕宝宝。

图 8　幼儿细心剪碎桑叶喂养蚕宝宝

2. 蚕宝宝的“眠”

蚕宝宝越来越大了，来园时，孩子们发现了有些蚕宝宝一动不动，不吃不喝，高高抬着头。“蚕宝宝是饿了吗？”“蚕宝宝是死了吗？”孩子们着急地猜测着，还给蚕宝宝换了新鲜的桑叶，可是蚕宝宝还是不吃不喝、一动不动。观察了一两天之后，孩子们看到蚕宝宝又动起来了。同时，他们还发现在装蚕宝宝的盒子周围有很多干皮。小朋友们明白了，原来蚕宝宝不吃不喝、一

图 9 发现蚕宝宝的“眠”

图 10 幼儿用肢体模仿蚕宝宝的“眠”

动不动是要脱皮了，脱了皮，蚕宝宝就长大了。

后来通过自主观察、向老师和家长询问以及和爸爸妈妈一起查阅资料等方式，小朋友知道蚕宝宝的这个行为叫“眠”。有的小朋友还很感叹，“蚕宝宝脱皮一定很疼，它都不想动、也不想吃东西了。好可怜。”但是脱了皮，它们就长大了。于是他们又高兴起来，还常常用手、脖子等肢体模仿蚕宝宝的“眠”。

3. 意外事件：蚕宝宝死了

蚕宝宝长大了，孩子们都很高兴。可是一天早上来园后，他们发现蚕宝宝又都一动不动地缩在那里。难道蚕宝宝又在“眠”了吗？观察了一段时间，他们发现是蚕宝宝死了，身体都干掉了。孩子们很难过，展开了激烈的讨论并提出了相应的解决对策。

图 11 蚕宝宝意外死亡

图 12 孩子们讨论、查找蚕宝宝的死因

孩子们对蚕宝宝死因进行讨论并提出对策。

它是不是吃了有毒的东西？（清洗、擦干净桑叶）

也许是吃得太多了,胀肚子。(控制食物的投放量)

有可能是小朋友喂它们的时候捏死了。(轻轻地照顾蚕宝宝)

教室里的消毒灯能杀灭细菌,也会杀死蚕宝宝的。(放学前用东西盖住蚕宝宝)

蚕宝宝死了,小朋友们都很难过。他们觉得蚕宝宝很可怜。所以把蚕宝宝埋在班级自然角的花盆里。经历了一次蚕宝宝的死亡,孩子们每次照顾蚕宝宝更加仔细了,在孩子们每天的细心照顾下,我们养殖的第二批蚕宝宝也在慢慢长大了。

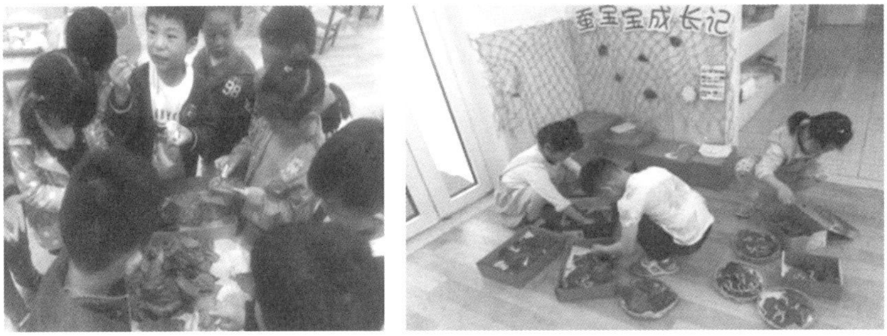

图 13　幼儿在细心照顾蚕宝宝

蚕宝宝吐丝结茧了

1. 吐丝前

过了一段时间,孩子们发现教室里的蚕宝宝不吃东西了,还一直往盒子外面爬,有的甚至都爬到墙上去了。这是怎么回事呢?大家感到又奇怪又好玩。回到家,他们又发现了同样的现象,就要求和爸爸妈妈一起找原因。有的家长就在 QQ 群里向老师咨询,帮助孩子解答疑惑。后来孩子们惊喜地发现蚕宝宝结茧了。

图 14　幼儿和家长发现蚕宝宝一直往外爬而产生疑问

图 15　给蚕宝宝搭茧山

2. 搭茧山

蚕宝宝长大了，一直往上爬，原来是要吐丝结茧了。孩子们提出要帮助蚕宝宝搭座山或小桥，好让它们能更好地爬上来。一些孩子利用稻草以及废旧材料来搭茧山；一些孩子直接把家里的盒子带来给蚕宝宝做茧山。

3. 吐丝结茧

有了茧山，蚕宝宝能自由地吐丝结茧了。孩子们时不时就聚在蚕宝宝身边，看着蚕宝宝吐丝结茧，还从中发现了蚕茧的颜色、大小、形状都不一样，认识了蚕宝宝吐出来的丝是蚕丝，还看到了蚕宝宝摇着脑袋吐出丝把自己一圈一圈包起来。有的蚕宝宝吐的丝不多，形成了半透明的茧，孩子们还能清楚地看到茧里的变化，非常有趣。

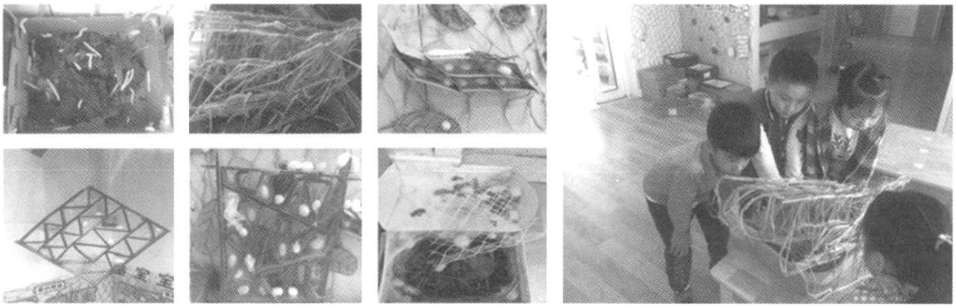

图 16　蚕宝宝在各种茧山上吐丝结茧

4. 蚕丝的妙用

我们在科学区里投放了一些丝巾，告诉孩子们这些丝巾就是由蚕茧抽出来的丝织成的。孩子们对一个个像鸡蛋一样的蚕茧变成漂亮的丝巾感到疑惑。于是，我们带孩子一起到我们幼儿园乐惠游戏房体验大班的哥哥姐姐抽丝、织布的游戏。孩子们知道了，原来利用这些工具就能把蚕丝变成布。孩子们了解到蚕丝与丝绸之间的联系。我们还开展了“话说蚕丝”的谈话活动,让幼儿了解丝绸文化。

图 17　集体谈话、参观乐惠游戏房等认识、了解蚕丝及丝绸文化

回到班级之后,孩子们也想自己尝试抽蚕丝,我们就鼓励他们寻找自己需要的材料(比如吸管、牙刷、小木棍、小纸板等等)进行抽丝,抽完丝之后,比一比谁抽的多、抽的长。并从中体验测量、比较,感受抽丝的乐趣。孩子们抽丝时都很专注、很有耐心,抽丝的方法也是不尽相同的。

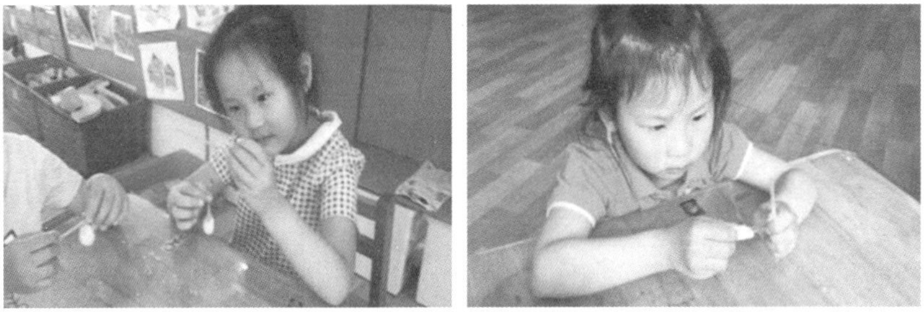

图 18　抽丝活动

后来孩子们利用湿拓染等方法趣染丝巾,并尝试合作把丝巾连接起来变成围巾,送给妈妈,妈妈戴上我们亲手做的围巾别提多高兴了。

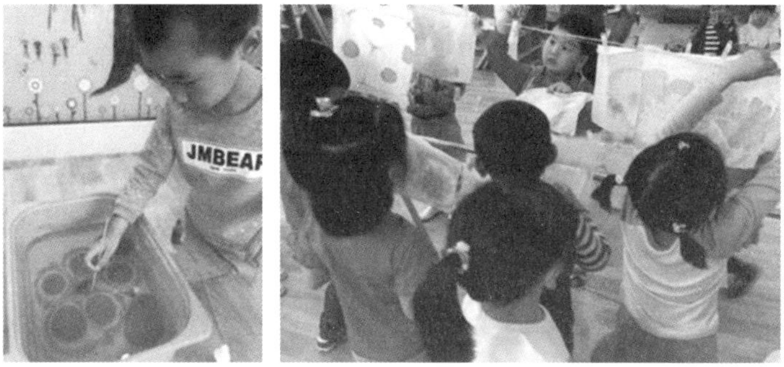

图 19　湿拓染的方法进行趣染丝巾

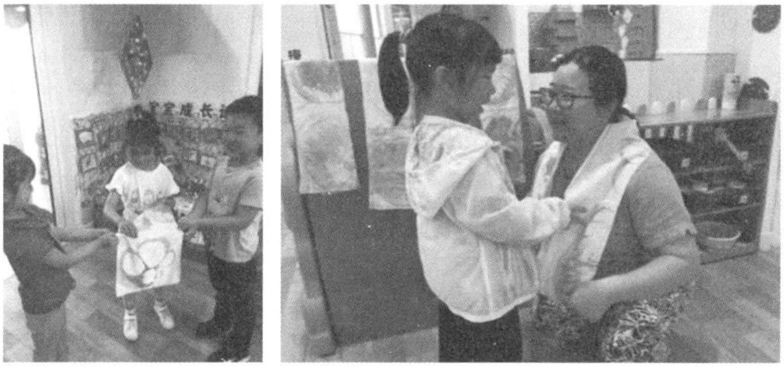

图 20　制作丝巾送给妈妈

5. 发现蚕蛹

又过了一段时间，茧里的蚕宝宝变成什么样了呢？剪开蚕茧，看一看吧。借着孩子们的一个一个疑问，我们一起简单了解了“化蛹”的过程、认识了蚕宝宝一个新的形态——蛹。其实蚕蛹是可以吃的，极富营养。可是小晗说：“我不想吃蚕蛹。吃了蚕蛹就没有蚕宝宝了。”其他孩子听了也纷纷提出不愿意吃蚕蛹。孩子们的爱心再一次被激发了。后来，通过观察他们发现了蚕蛹的不同，还学习分辨了蚕蛹的雌雄。

图 21　幼儿在观察蚕茧里的蛹

蚕宝宝变蚕蛾

1. 分辨雌雄蚕蛾

蚕蛾破茧而出，孩子们很兴奋，一有空就去看。其实对于我们成人来讲，蚕蛾看起来都很像。可是孩子们通过观察发现了它们的不同。有的细细瘦瘦的，有的胖胖的，雄蛾、雌蛾由此就很容易分辨出来了。孩子们还通过观察对比，发现蚕茧也有不同。其实从蚕茧的外观也是可以分辨雌雄的。雌蛾的蚕茧两头圆，雄蛾的蚕茧一头圆、一头尖。在观察蛾破茧时，孩子们还发现蛾出来之后，蚕茧都会有一个洞，每个洞口都有点湿湿的、深色的东西，摸起来湿的地方还有点软。有的小朋友说："蛾真会动脑筋啊，它把蚕茧弄湿，蚕茧变软了，它就能爬出来了。"这个案例让我很感动，因为孩子们竟然能观察得这么仔细，说明他们的观察能力和探究能力都得到了提升。

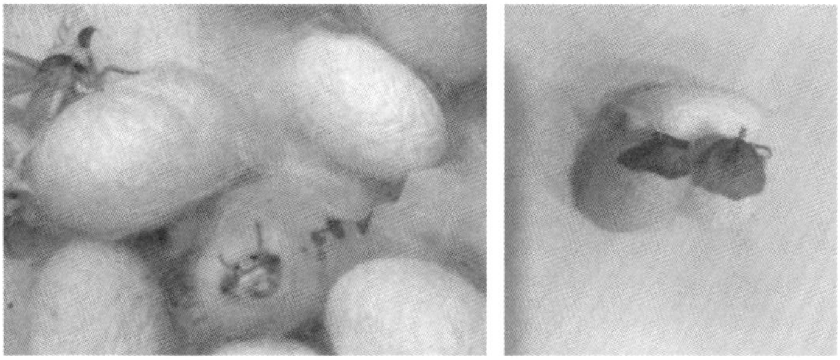

图 22　蚕蛾破茧，发现蚕茧和蚕蛾的雌雄不同

2. 蚕茧创意手工

蚕蛾已经出来了，那蚕茧有什么用呢？孩子们用蚕茧和废旧材料制作

图 23　幼儿在利用蚕茧进行艺术创作

了创意手工作品，展现了丰富的创造力。在这个过程中，孩子们是非常投入和专注的。孩子们的作品，丰富了我们的主题。

3. 蛾产卵了

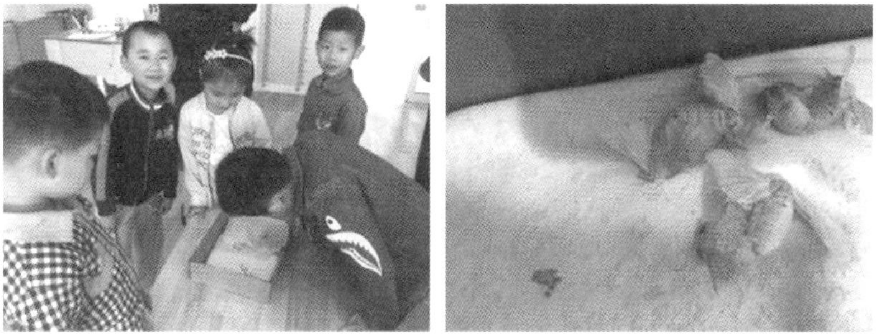

图 24　幼儿观察蚕蛾产卵

蛾产卵了，幼儿每天都围着蛾进行观察和讨论。

哲哲："这些蛾为什么都会两只在一起呢？他们是在找朋友吗？"

俊俊："是的。他们都是好朋友。"

彧晟："蚕宝宝长这么大了，就会做爸爸妈妈了，会生小宝宝的。"

哲哲："那谁是爸爸，谁是妈妈呢？"

彧晟："谁大谁就是爸爸。爸爸大、妈妈小。"

蛾产卵了，孩子们通过观察、对比，学习辨别了雌蛾和雄蛾。

同时，他们还又发现卵的颜色及排列的不同。资料上说，雌蛾能产出

图 25　幼儿观看蚕卵

500颗卵，孩子们为了证实这一点，还尝试着去数一数……（这里，孩子们尝试去数，虽然数不清楚，但是，他们依然很积极地投入到自发的活动中。）

孩子们饲养照顾了蚕宝宝，我们为他们提供相应的表征材料，孩子能做出正确的排序并细致地记录、描述出蚕宝宝的一生。

图26　排序、讲述蚕的一生

有了图画和符号的展出，孩子们非常乐意向同伴和家长介绍和讲述对蚕宝宝的认识。

图27　幼儿向同伴和家长介绍自己对蚕的认识

活动期间，我们班每天最热闹的地方就是科学区，孩子们自主、投入地进行着交流和探索。这也正符合了《指南》科学领域中指出的“支持幼儿与同伴合作探究与分享交流，引导他们在交流中尝试整理、概括自己探究的成果，体验合作探究和发现的乐趣”。

另外，我们也结合主题，融入相关儿歌、歌曲、艺术等多领域间的渗透学习。

图 28　班级图书区投放关于蚕的图书

小朋友们在记事本上让家长帮忙记录下他们对蚕的认识，用绘画的方式梳理对蚕的一生的认识。

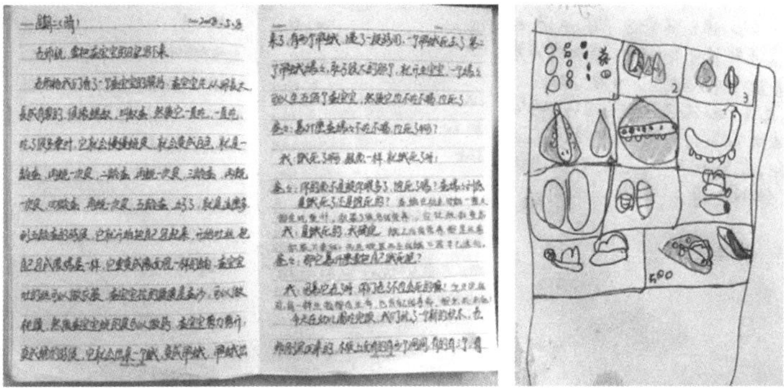

图 29　在记事本中记录、表征对蚕的认识

蚕的用途

蚕全身是宝，在主题活动的开展过程中，根据孩子们的兴趣，我们主要抓住了蚕砂、蚕丝、蚕茧来开展活动。蚕丝、蚕茧的作用前面已经给大家介绍过了，接下来，我们来说说蚕砂。

蚕砂就是蚕宝宝的便便。蚕砂很大的作用就是药用，有明目的效果，还可以做枕头。活动中，孩子们也收集了不同时期蚕宝宝的蚕砂，预备尝试做枕头用。有的小朋友还发现了，蚕宝宝越大，蚕砂越大。可惜由于天气原因和我们保存方法的问题，蚕砂不能用了，有的孩子认为只能丢掉了。有的孩子又觉得丢掉太可惜了，不如放在自然角的植物上吧。过了一段时间之后，孩子们发现投放了蚕砂的植物长得比旁边没有放蚕砂的植物好。孩子们由此推测出，蚕砂还可以做肥料。

图 30　幼儿把收集的蚕砂投放到班级自然角中充当肥料

班级主题环境

图 31　“蚕宝宝成长记”的主题环境布置

家长反馈

在主题活动的过程中，不仅仅是孩子，家长也有很多感慨。我们制作了主题反馈表，收集到了家长很多的反馈。

家长反馈1：这个活动很棒，孩子亲身体验了蚕宝宝的整个变化过程，并且学习了如何照顾它们、给它们换桑叶、清理便便等，特别有爱心，使孩子对大自然充满了好奇、探索的愿望。

家长反馈2：宝宝们自己养的蚕宝宝可爱极了，让孩子懂得了生命的可贵，每次有蚕宝宝死去，她都很伤心，蚕结茧了她都会说，蚕宝宝马上要变成漂亮的蚕蛾了，都很开心。

教师感悟

在《蚕宝宝成长记》的故事中，幼儿获得了多方面的发展。

1. 情感态度方面

幼儿充分发挥主动性，自发观察蚕宝宝，积极动手、动脑，大胆提出有关蚕宝宝的问题困惑；激发了他们爱护蚕宝宝的情感，关爱生命的品质得到了发展。

2. 知识经验方面

幼儿通过直接感知，获得了关于蚕宝宝生活习性、身体特征、基本需求、生长变化的关键经验。同时，拓展了解了蚕宝宝与人类的关系。

3. 探究能力方面

利用工具、材料探究，观察比较，有依据地推测，简单调查、实验，用图画记录发现等，不断积累经验。幼儿的观察实验、科学思考、分析解决问题的能力得到了提高。

这几个方面的发展和提升，使得幼儿不断形成一定的探究能力和受益终身的学习态度和品质。

造船记

苏州高新区浒墅关幼儿园　邵嘉

持续时间：2018年10月至2018年11月

年龄段：中班

缘起

浒墅关幼儿园坐落于京杭大运河河畔，每天都有成百上千艘船在运河中驶过。运河里来来往往的船是孩子们生活中既熟悉又喜欢的，这也成为他们经常讨论的话题之一。时常会有孩子带船的模型来幼儿园，大家在看一看、聊一聊的过程中，对船的兴趣越来越浓，也想知道更多关于船的知识。于是，一场别开生面的“造船记”就在班里应运而生了。

认识船

1. 我去乘船啦

这一天，烨烨小朋友早上一进班级，就迫不及待地和大家分享，“妈妈带我去虎丘湿地公园划船啦！”这下就打开了大家的话匣子，小朋友们纷纷谈起了自己关于船的经历：有在运河边看船的，有坐游轮的，有乘快艇的，还有看龙船的……

图1　虎丘湿地公园划船

2. 我去看船咯

当孩子们讨论得不亦乐乎时,小脑瓜里自然而然就萌发了各种问题。我把孩子们的问题梳理了一下,让孩子们带着小任务有目的地去观察。如:有哪些船呢?船长什么样?这么多船谁开得快谁开得慢?它们是怎样在水里动起来的呢?大家就带着任务跟爸爸妈妈一起去浒墅关运河边看一看运河里的船长什么样,想一想它们有什么作用,比一比它们的大小、快慢,查一查有关船的知识。

图2　运河看船

经过自己的观察和调查,孩子们发现了许多船的奥秘。诺诺说:“货船长着大大的肚子,是用来装货的。”帆帆说:“大船装满货,所以开得很慢。”雯雯说:“船是用螺旋桨动的,我和妈妈在书里看到的。”令人有点遗憾的是,大家发现运河里大多数都是货船。

3. 有哪些船呢

中班幼儿的生活经验不足,对船的认识有很多局限性,为此我提问道:“除此之外还有什么船呢?”烨烨说:“公园里小天鹅的船是游船。”睿睿说:“端午节的时候有龙头的船是龙舟。”孩子们还说出了快艇、客船、帆船等。在七嘴八舌地交流中,孩子们对船的种类有了更全面的认知,了解了一些常见船的特征和用途。

在认识船的过程中,孩子们带着问题有目的地进入生活,和家人一起到浒墅关的运河边观察、思考,在享受亲子时光的同时对运河里船的外形、船的航行状态等都有了直观的感受,丰富了直接经验。在讨论中他们调动生活经验,大胆分享,丰富了对船的认知。孩子们看看说说、听听想想,多通道的感官参与,由浅入深的感受体验,对船的探究活动依然在延续!

4.船的沉浮

睿睿来问我:“船是怎么浮在水面上不沉掉的呀?”瑶瑶抢答:“船是木头的,可以漂在水面上。”睿睿马上就质疑道:“可是我看见电视里的木船会沉掉呀。”彬彬说:“我知道军舰是铁船,可是铁很重会沉掉的,军舰怎么不会沉掉呢?”

图3 探索区试沉浮

为了验证猜想,孩子们就在探索区展开了小尝试。大家用一个木盒当小船放在水里,小船稳稳地浮在水面上,可是还没开心多久,木船渗水了,渗满水就沉到了水底。那我们试一试铁的吧!他们拿来一个铁盒放在水里,也是稳稳地浮在水上。他们开心地说:“铁不会沉掉。”调皮的孩子用手把铁盒往下按,想看看是不是真的不会沉下去,咕噜咕噜咕噜,一串泡泡冒上来,铁船也沉了。他们打开铁盒,里面渗满了水。大家得出一个结论:小船不进水,才能浮在水面上!

那工程师是怎么造出不会沉没的船的呢?孩子们就这样自然而然、迫不及待地提出了疑问。孩子们在探索过程中遇到了问题,老师及时给予适当的引导与支持是十分重要和必要的。于是我请孩子们从造船设计图上寻找答案。孩子们通过仔细地研究结构图,发现原来船有个大大的肚子,不让水进到肚子里,这样就沉不掉了。知道了这个秘密,大家又玩了起来,用橡皮泥做小船。真的,橡皮泥小船没有空空的肚子就沉了,给船做个大肚子,小船才能在水面上漂啊漂。

图4　研究设计图

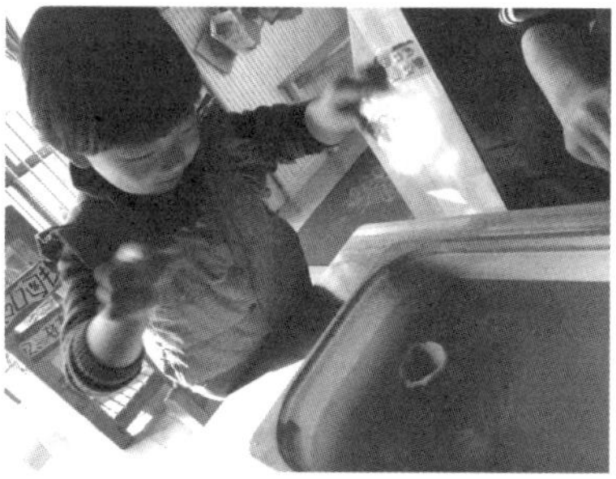

图5　橡皮泥试水

所以说猜想是幼儿进行探究性活动的一种方法，也是幼儿进行科学尝试的一种动力。孩子们在一个真实的、互动的、探索的、开放的情境中，满足了探究需求，形成了敢于质疑、乐于猜想、勇于探究、乐于创造的学习品质。

制作船

1. 画一画

孩子们心目中的船是什么样的呢？大家拿起小画笔，做个小小工程师，先来设计一下自己的小船。天天说：“我的是潜水艇，有个空空的大肚子，在水里开呢。”烨烨说：“我的是龙舟，长长的身体长着一个龙头，可以开很快。”大家用绘画的方式表征于纸，造船兴趣再次被调动了起来。

图6　我设计的船

2. 想一想

造一艘自己的小船可真让人激动,可是要用什么做呢?铁、木头、瓶子、纸板、罐子、塑料……在自己的收集表上列出来。诺诺抵着下巴,若有所思地说:“我要用可以浮在水上的材料做船的身体,然后找一些瓶盖粘在船上做窗户。”随后大家分享了自己的想法,互相提出质疑,商量材料的可行性。小志说:“我要用一个大皮球,因为皮球可以浮起来。”铭铭说:“我要用薯片的罐子,我在家试过了,可以浮在水上。”……看来孩子们早有准备,大部分孩子都选用了有“空空的大肚子”的材料。

图 7　我有什么材料

3. 选一选

我们幼儿园在每个楼层都设立了“材料超市”。各班把收集来的材料集中在这里,贴上标签,分类摆放,规范了材料整理,方便了活动取材。小小的“材料超市”一应俱全,有塑料瓶、纸板、纸箱、铁罐、绳子、旧衣服等等。“材料超市”对老师、孩子们自由开放,一些毫不起眼的材料都成为大家制船的宝贝。

一声号令,大家都迫不及待地带着自己的收集表,来到“材料超市”,选起了自己做船的材料。有按照自己原先的计划选择材料的,也有看到其他材料动心的。小志直奔球类区,挑选了一个绿色的大皮球;诺诺看着收集表,选择了一个鞋盒盖子、六个塑料瓶盖;萌萌在“材料超市”找不到自己心仪的树枝,在老师的陪伴下到操场树荫下捡了一根合适的……收集活动轰轰烈烈,孩子们找到了自己想要的材料,陆续回到了教室。

4. 试一试

这些材料能不能做小船呢?大家在水池里开始了试验。彬彬拿的纸板一开始可以浮在水面上,可是后来纸板沾了水就烂了,他说要重新换一个不烂的材料;清清挑的罐子没有盖子,放进水里马上就进水了,船便沉了,他赶

图 8　收集材料

紧找来盖子盖上,进不了水,罐子稳稳地浮在水上;瑶瑶发现材料有个洞会进水,说要用胶带封住洞洞……生活经验一下子就迁移到这个研究活动中了。在这个过程中,幼儿联系生活经验,选择不易沉水的材料,带着收集表有目的地进行收集活动。他们会思考、会记录、会收集,不断建构自己的经验。

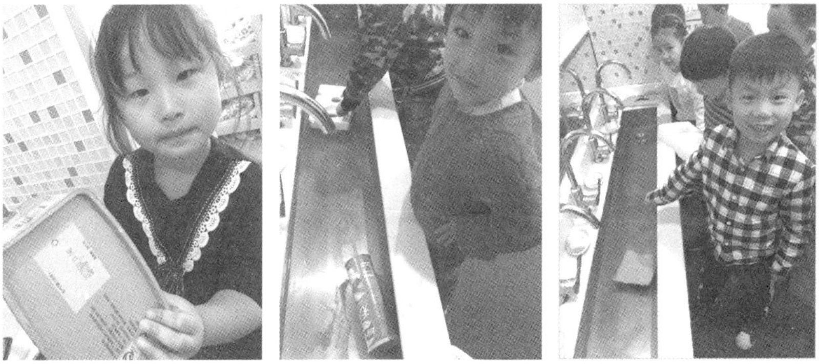

图 9　材料试水

5. 做一做

开工大吉!曾曾选用鞋盒的盖子做船身,酷酷的他用油画棒先给船身画上了好看的蓝色图案装饰了一下,说:“这是大海的颜色。”然后他用胶带,把国庆节使用过的小国旗固定在鞋盒的中央,一艘小船大体成型。曾曾看了会自己的小船,然后跑到玩具区,把自己的玩具奥特曼拿来,同样用胶带把奥特曼的双脚固定在船头,说:“我的奥特曼战舰,奥特曼当船长。”

瑶瑶经过试水发现了问题，她的船底有一个洞，用胶带把铁盒底下的洞贴上，这样船身就不会漏水了。接着她把从“材料超市”挑选的一个餐巾纸纸芯塞在铁盒中，又用剪刀将一个圆形纸板剪成两半，分别用胶带贴在铁盒两端。大家这才看出来，瑶瑶做的是一只小乌篷船呀。

彬彬原先选择的硬纸板泡水烂掉以后，他还是坚持自己的想法，依旧选择了纸作为主要材料。他选用了一张广告单，用区域游戏时学的方法折了只纸船。这一次彬彬还用胶带贴满了船身，说要用胶带保护船身，因为胶带可以防水。

图 10　制作小船

《幼儿园教育指导纲要（试行）》中指出：“要提供丰富的可操作的材料，为每个幼儿都能运用多种感官、多种方式进行探索。”孩子们自由搜集材料，运用各种工具，大胆进行制作，提升动手能力，将生活经验迁移到制作小船中，创造力得到了充分发挥。

但是有一些孩子遇到了难题，面对自己选择的材料，无从下手。怎么办呢？可以找爸爸妈妈帮忙！亲子互动不仅有益于亲子之间的情感交流，密切亲子关系，有益于幼儿的发展，而且，对于幼儿的实物游戏和伙伴游戏也具有重要的促进作用。通过爸爸妈妈的帮忙和自己的努力尝试，大家都有自己的专属小船了。大家还给小船起了名字，彩虹小帆船、海盗号、保龄球号……

图 11　我的小船

试航

1. 第一次试航

一场及时雨使得幼儿园到处都是"小河"。大家迫不及待地拿出自己的小船，来"小河"里试一试，这就是孩子们的第一次试航。水坑里、滑梯上、水桶里，还有积水的游泳池。大自然给孩子们提供了游戏的天堂、实验的舞台，大家走进自然，尽情参与，尽情游戏，尽情展示自己的小船。

图 12　第一次试航

可是，也有一些小船出现了状况。有的船翻了，有的左右晃来晃去进水了。在我们成人看来这就是一个平衡和超重的问题，孩子们是怎么想的呢？萱萱说："我的娃娃头有点大，很重。"我说："哦，你的小船上面太重了，下面船底太轻了，所以会倒。那怎么办呢？"萱萱说："把娃娃拿掉。"我说："这是一个好主意，但是你的小船就没有驾驶员啦。"萱萱说："下面要变重一点。"

她看到水池旁的沙坑，想到个好办法，往小船里面灌了点沙子。

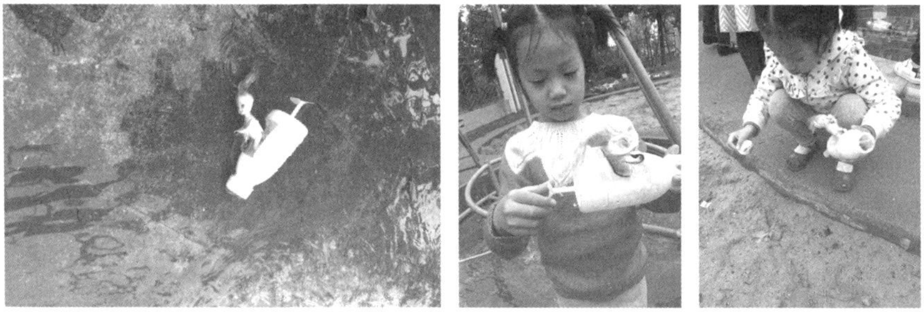

图 13　萱萱和她的小船

骏骏看到了，也模仿起来，用工具把沙子铲在小船里，可是，船沉掉了。骏骏立马就想到说："一定是沙子太重了，要少一点沙子。"他又把沙子倒出来，重新放沙子，比原先的少一点，成功了。

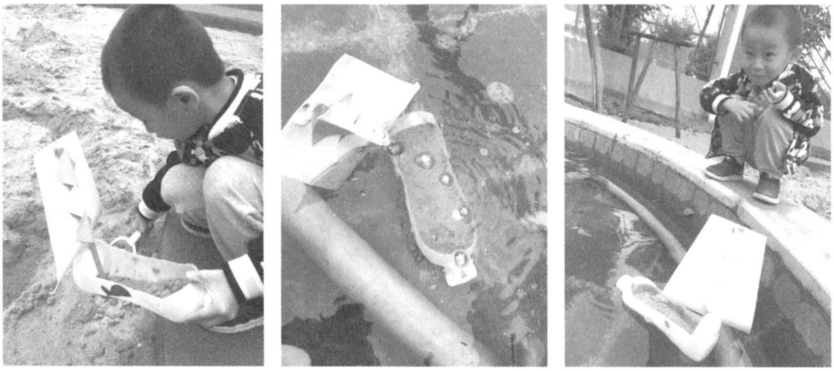

图 14　骏骏和他的小船

兮兮的船总是两边晃来晃去，小朋友给她提建议，让她也学着萱萱和骏骏的样子灌沙子。可是兮兮的船是封住的，放不进沙子。怎么办呢？孩子们来找我帮忙。"我们一起上网搜搜吧！"

图 15　兮兮的小船"遇难"

通过上网搜索，我们发现在菲律宾这个国家，有一种船叫"螃蟹船"。它在两边加了两个能浮在水上的支架，让船更稳定，不两边晃。小朋友们马上活学活用，说要挑选能浮在水面上的材料给兮兮的小船装“翅膀”。

兮兮挑了两块比较规整的泡沫塑料，用胶带粘在吸管的两端，再把吸管用胶带粘在船的头部。大功告成，完美航行！兮兮的表情也由阴转晴啦！

图 16　兮兮改造小船

2. 第二次试航

（1）船的动力。

我们的小船怎么动起来呢？这又成为孩子们探索的新话题。有孩子说：“我们可以在小船上系一根绳子，然后用手拉。”有孩子说：“可以拿一根棒赶它。”有孩子说：“在小船屁股后面装一根螺旋桨，这样船就可以动起来了。”还有孩子说：“可以用扇子扇。”这些答案正好解释了人力、风力、机器动力三个动力原理。

为了让孩子们更直观地探索船的动力，我们在探索区投放了相关的游戏材料。孩子们在探索区自由选择材料如扇子、吸管、乒乓球拍等，探索、感知风的大小、方向与船航行的关系。老师还用雪花片和皮筋自制了一艘模拟螺旋桨动力的小船，孩子们在探索区特别喜欢用它来探索螺旋桨动力与小船前进的关系。

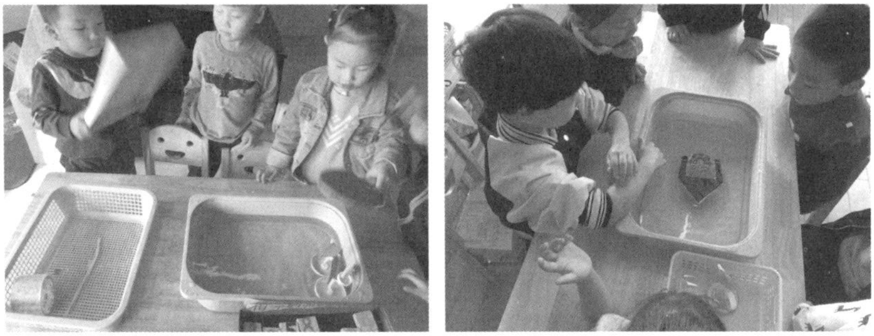

图 17　探索区探索船的动力

（2）试航。

了解了小船的动力以后，这次大家带上自己觉得有帮助的工具，让自己的小船动起来。我们的第二次试航又开启了。孩子们有用小嘴吹的，有用扇子扇的，有用小棒赶的。从孩子们兴奋的话语和脸上洋溢的笑容，可见他们玩得有多开心，第二次试航似乎很成功。

图 18　第二次试航

3. 停船

这么多小船停哪里呢？小汽车有停车场，小船有没有停船场呀？停船的地方叫港口，我们也来造一个大港口吧！正好班里收集的盒子堆积成山，我们就想办法把盒子掏空，垒成轮船的样子，停下了全班的小船。

图 19　停船港口

有关船的游戏

游戏是孩子们最基本的活动方式，区域游戏可满足幼儿活动和游戏的需要，更好地促进幼儿自然、自由、快乐、健康地成长，实现玩中学、做中学。

1. 角色游戏

角色游戏时，我听到两位孩子在说悄悄话，说自己是个海盗，开着海盗船去航行。我想：何不在班里开个码头，圆孩子们开船的梦呢？说做就做，我利用门口的大走廊，开设了“游船码头”。老板自己用毛线划定区域，小游客花钱以后进区划船。可以用脚蹬，可以用手划，也可以手脚并用“划水”，用多种方式划船。“游船码头”生意特别红火。

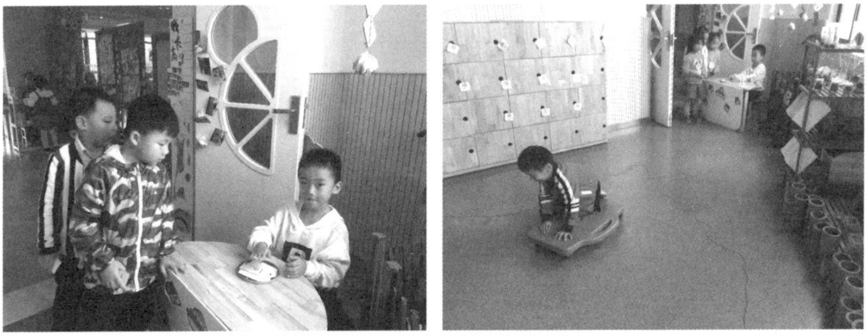

图 20　角色游戏：游船码头

2. 区域游戏

（1）建构区。

孩子们巧用垒高、围合、架空等方法，结合生活经验和最近所学，在班级建构区搭建了许多船，并为他们搭建了一个码头用来停船。

图 21　建筑工地：泊船码头

（2）美工区。

大家在美工区用橡皮泥捏出了自己喜欢的小船，有双人皮划艇，有救生船，有龙舟……

图 22　美工区：做船

（3）悦享园。

正值深秋，有好多好吃的水果成熟啦。大家在悦享园用搜集的秋果制作秋果小船。自己洗水果，自己切水果，用牙签拼插做出各种各样的秋果小船。啊呜一口，好玩又好吃。

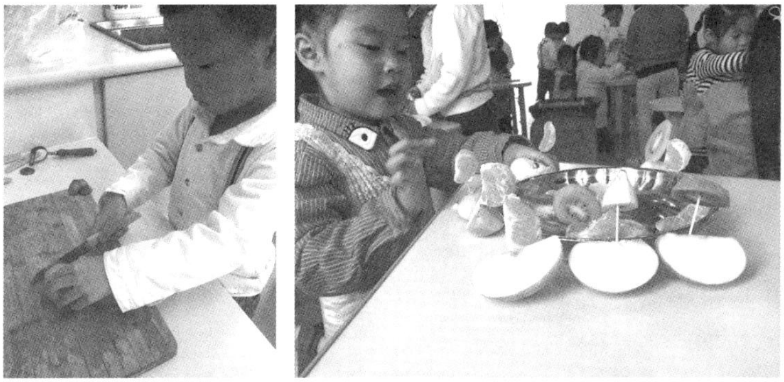

图 23　悦享园：水果船

(4) 悦构园。

小积木不够过瘾，我们要去悦构园用大积木搭一艘我自己可以乘坐的大船。

图 24　悦构园：大型船

关于船的探索活动我们还会不断地深入、延续下去。例如，孩子们非常感兴趣的潜水艇的升降、船的航行快慢、载重等问题。

感悟

在参观、讨论、想象设计、动手操作、发现问题、解决问题等环节中，孩子们表现出了独特的思维品质，大胆想象，积极实践，认识了各种常见船的种类与用途，体验了造船的乐趣，解决了航行的问题，能力得到了各方面的提升。我也在这个过程中，感触颇深。

1. 兴趣是课程开展最好的资源

幼儿在活动过程中表现出的积极态度和良好行为倾向是终身学习与发展所必需的宝贵品质，要充分尊重和保护幼儿的好奇心和兴趣。不管是对于教师还是幼儿，兴趣始终都是活动开展的充足动力。在兴趣的指引下，教师和幼儿都能积极投入到活动中，在一次一次的发现和实践中获得满足与提升。

2. 生成让课程充满惊喜

叶澜教授曾说过："课堂应是向未知方向挺进的旅程，随时都有可能发现意外的通道和美丽的图景，而不是一切都必须遵循固定线路而没有激情的行程。"幼儿的思维带有明显的跳跃性和随意性，常常会跳出教师预设的内容，常会有与课前预设不一致甚至相矛盾的意外情况发生。教师以一个参与者、合作者、促进者的身份和幼儿平等对话，倾听幼儿的心声，让幼儿在一种轻松、活跃的心理状态下敞开心扉。使幼儿在教师的面前敢于大胆地发表自己的想法见解，听到这些"另类"的声音往往就是生成的活动资源。

3. 信任是课程开展的基石和保障

开放的活动形式使教师更深刻地去了解每个幼儿的个性、能力，我们应该相信幼儿的这种潜在能力会创造出令人震惊的奇迹。主动地获取要比被动地接受知识有效得多。教师不再简单地担任传道解惑的角色，更多地应成为指导与互相学习的榜样。

一块空地引发的故事

苏州高新区实验幼儿园 严晓静

持续时间:2018 年 2 月至 2018 年 5 月

年龄段:中班

缘起

我们的故事源于“一块空地”,它是寒假里幼儿园操场改建后在教室与操场间留下的一块空地。寒假回来后,孩子们发现幼儿园里的迎春花、桃花都慢慢开放了,柳树也发芽了,可是操场旁边的空地光秃秃的。这块空地是用来干什么的呢?土壤里有没有种子?每次散步时,孩子们总是七嘴八舌地讨论着。

发现空地(2 月)

1. 种什么

这块空地可以种什么呢?孩子们有了几种提议:种花、树、蔬菜,还是草?种什么更合适呢?孩子们觉得种树会挡住教室的光线;蔬菜可以种在菜园里;小草好像不用种也能长得很好。孩子们通过观察、比较、讨论最终确定了要种“漂亮的”“幼儿园里还没有的”花。

2. 种什么花

那种什么花呢?有的说玫瑰花,有的说菊花,有的说樱花,甚至还有人说“食人花”……那么哪些花适合我们小朋友种,并且比较容易种成功呢?

孩子们先调查了幼儿园里已经有了哪些花种,再通过查阅资料、咨询园艺老伯伯,初步选出了玫瑰花、迎春花、郁金香和波斯菊等容易存活又漂亮的花种。通过投票,大家最终选择了波斯菊。理由是:玫瑰花有刺容易扎到我们;迎春花幼儿园里已经有了;波斯菊比郁金香颜色更加鲜艳,花瓣更漂亮。

图 1　种植投票

3. 整理土地

这块空地里的泥土适合种花吗?孩子们先来到这片空地现场勘察,正好遇到了在操场边修葺围台的园艺老伯伯,他听说孩子们想在这里种花但不知道这里的泥土是否适合种花,老伯伯挖开泥土给孩子们看,原来这里的土壤浅浅的,还有许多石块,要想种花得先整理。怎样整理土地呢?

乐乐:“我们的铲子太小,老伯伯的大铲子才行吧。”

优优:“拿走石块就能种了吗?”

淘淘:“不行,老伯伯种菜的时候要把土反过来才行。”(翻土)

孩子们决定再次去请教园艺老伯伯,老伯伯告诉孩子们,整理土地要先把地里的石块捡出来,再翻土。翻土可以用铲子或者锄头。

4. 调查研究

种植还有哪些步骤呢?我请孩子们自己再去调查研究。孩子们进行了认真的调查,知道了种植的步骤:捡石块、翻土、播种、浇水、施肥;翻好的土要静待两天,让阳光和空气充分进入土壤中;如果加上营养土植物会长得更好……

在这次调查研究中,孩子们聚焦的问题有三个:种子、工具和方法。调查过程中能主动通过图书、上网等方式查阅资料,还知道请教园艺老伯伯和爸爸妈妈去寻找答案。

播种啦!(3 月上旬)

1. 分工

明确了任务后,孩子们积极准备起来,按照种植的准备过程,我们分成了种子搜集组、工具搜集组、翻土组和撒营养土组，孩子们根据兴趣自由选择，分工合作。

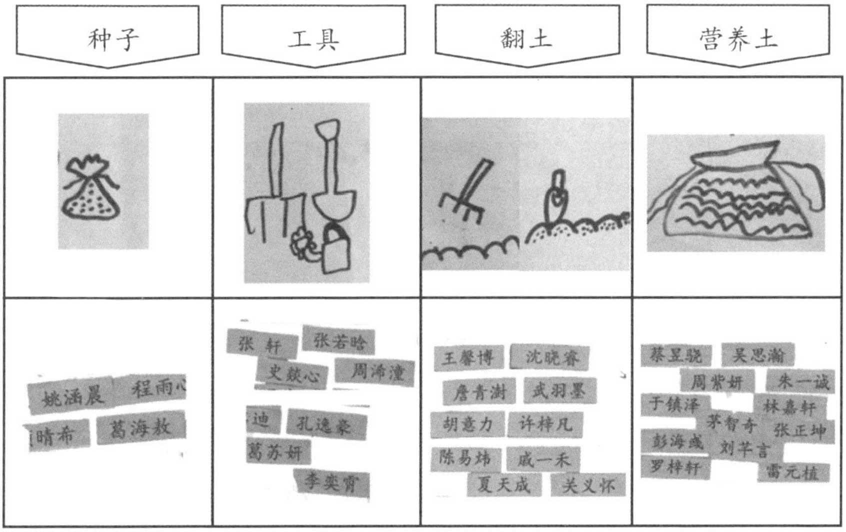

图2　分工

2. 播种

孩子们先捡掉石块，并请老伯伯帮忙翻土；接着用石块、铲子等敲碎又硬又干的土壤，均匀地撒好波斯菊的种子。浇水时一定要把泥土浇的透透的。每天晨间锻炼、散步、自由活动时孩子们都会自觉地来到这里松土、浇水，用心地照顾它们。

图3　翻土、播种、浇水

呵护成长(3—4月)

1. 有杂草

一周后，孩子们惊喜地发现种子冒出小芽芽啦！孩子们发现这个芽芽细细长长的，有的说像绿豆芽，有的说像竹蜻蜓，有的说像时针和分针……细心的孩子发现，波斯菊苗苗里有一些不同的小苗苗，叶子是圆圆的，这是什么呢？看一看、比一比，原来是一些杂草。杂草会抢走波斯菊的营养，必须赶紧除掉，拔下来的杂草可以送给小兔吃，真是一举两得！

除了松土、浇水，除草也成为我们经常要做的事情了。

图4　发芽了

图5　　杂草

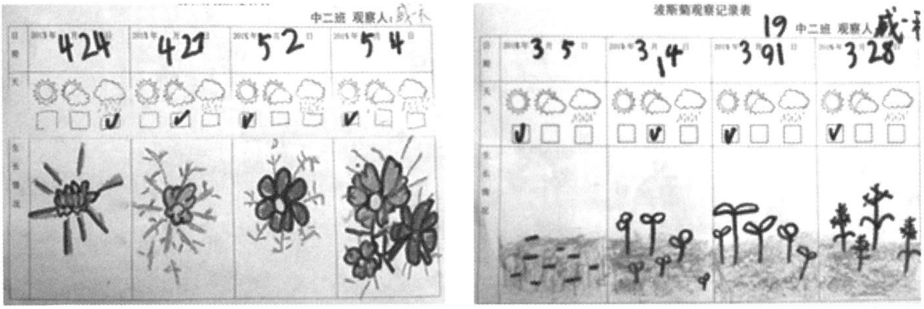

图6　波斯菊观察记录表

孩子们用心照料波斯菊的成长，并用自己的方式把它的生长过程记录下来！伴随着波斯菊的生长过程，孩子们去观察、去发现、去表达、去记录……每一次的变化，每一次的发现都是一次探索的契机。

2. 开花了

四月初波斯菊长出了小小的、圆圆的花苞，到了四月份的第三周，孩子们惊喜地发现波斯菊开花啦！一朵朵盛开的波斯菊可真漂亮，鲜艳的颜色，像太阳一样的花瓣……孩子们与波斯菊合影、写生，就连掉落的花瓣他们也轻轻捡起来，或放在窗台晾晒，或夹在图书里，希望能把波斯菊的美永远保留下来。

图 7　与花合影

图 8　花的写生

随着时间的推移，波斯菊越开越多、越开越密，有些开始歪倒、凋谢。

花有余香（4—5 月）

我们还可以用什么方式留下波斯菊的美丽呢？怎样能让这美丽被更多的人看到呢？

1. 特殊的礼物

恰逢母亲节到来，孩子们提出要送给妈妈一份特殊的节日礼物——自己种的波斯菊。他们收集材料、采摘花卉进行了艺术插花。收到孩子们亲手插的、种植的花束，妈妈们表示这是最棒的母亲节礼物！

图 9　采摘波斯菊

图 10　插花

图 11　母亲节的礼物

插曲一:害虫。

采摘花卉时孩子们发现了虫子。

霄霄:“我看到花秆上有许多白点点。”

图 12　灭虫

瀚瀚:“老师!这花秆上有好多虫子,好恶心啊!我不敢用手拿。”

晨晨:“我发现了蚜虫,我还看到蚜虫有翅膀。”

那怎么灭虫呢?孩子们展开了热烈的讨论。

霄霄:“用杀虫剂。”

瀚瀚:“会把花杀死的,会把花一起消灭。”

博博:“用消毒剂把虫消灭掉。”

敖敖:“不行,84 消毒剂会把花变成白色的。”

骁骁:“还是用水冲冲吧。”

实验下来发现原来水不能把虫子冲走!根据查阅的资料,孩子们尝试了肥皂水,结果发现虫子真的下来了。

插曲二:花瓣的秘密。

孩子们在采摘、除虫过程中发现,波斯菊的花瓣数量不一样,有的是 7 瓣,有的是 8 瓣。到底哪种数量比较多呢? 通过统计 50 朵波斯菊的花瓣,孩子们发现 7 个花瓣的有 38 朵,8 个花瓣的只有 12 朵。孩子们猜想有可能是个别花瓣掉落了,也有可能品种不一样,还有的孩子说也许是跟吸收的营养有关。

图 13　数花瓣

图 14　捣汁

插曲三:印染。

孩子们在插花过程中,手上染上了许多波斯菊花瓣的颜色,是彩色的,还有一些香味。程程说:“我在老家的时候用花瓣染过指甲。”听到这个话题,女孩们眼睛亮了,她们把掉落的花瓣捡起来,捣碎,挤出汁染在指甲上,真漂亮!

2. 失败的尝试

过了“五一”小长假,波斯菊凋谢得更加厉害了,孩子们觉得惋惜、失落。孩子们提议能不能把波斯菊做成干花,因为钢琴上的干花放了很长时间了也没有凋谢。

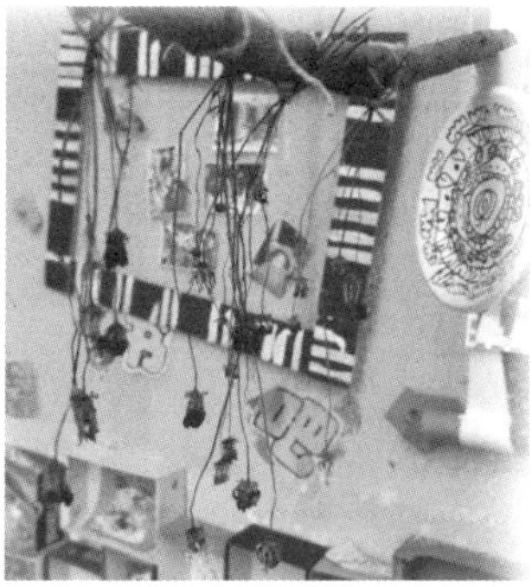

图 15　制作干花

那怎么制作干花呢? 孩子们一起查阅资料:使用风干法可以制作出美丽的干花。首先选择自己喜欢的鲜花，一定要挑选完整美观的；然后摘掉多余的枝叶，用线绑住底端，花头互相分得开一点，倒垂放在干燥、温暖、通风、没有太阳直射光的地方；最后静待三周时间。了解了方法之后我们分头行动了。

可是，理想与现实之间总是有距离的。四五天过后花瓣开始掉落、变黄、干枯，这是怎么回事呢？我们赶紧再去找答案，原来自然风干对天气、日晒、通风的要求非常高。前两天下了雨，肯定受影响了。再试试烘干封闭法吧。

3.“永恒”的书签

孩子们选花摘花，再对花进行修理。将花朵摆成喜欢的造型粘贴在书签上，剪切、装饰一些绿叶，用电吹风吹干后，请老师用塑封机封起来，一张美丽的书签做成了。直到现在，书签依旧鲜艳、美丽！

图 16 制作花书签

4. 奇妙的花饰

有一天，孩子们发现老师的手机挂件上有一个漂亮的花饰，里面竟然有真的花瓣，孩子们觉得太神奇了，也想试一试。我和孩子们一起上网搜集制作的方法：需要购买制作的道具和素材，还需要使用一些化学材料来帮助我们。为了早日看到美丽的花饰，孩子们兴奋地行动起来了：有的负责收集花瓣，有的负责购买材料。

可是一开始的尝试并不顺利：要么花瓣位置不好看；要么是胶没粘牢，花漏出来了。孩子们拿出说明书仔细研究，原来调制水晶滴胶必须按照比例，要一份 A 胶三份 B 胶混合才能制成，把调制好的水晶滴胶用滴管滴到模子里，一定要小心，不然会滴到手上。

方法对了，果然成功了！经过一个晚上的时间风干，成品出模啦！孩子们用这些模子做了钥匙圈和项链。

图 17　花饰

幼儿的发展

一块空地引发的故事发生在中班幼儿与幼儿园环境互动的过程中，幼儿在这个活动中始终是幼儿园的小主人，他们发现幼儿园的美好和“空白”，并对这个“空白”产生了一系列的想法，有了想法之后还能付诸行动，从而发生了有趣的故事。在这个故事中幼儿的收获有哪些呢？

1. 亲近自然——热爱生活的情感激发

以前自然角的花花草草多数是孩子与父母一起去花店买了带到班级让孩子们照顾观赏的，这次能亲身体验选花种、翻土、播种、照料、静待花开的整个过程，对孩子来说是弥足珍贵的一个经历。花开了之后我们又开展了一系列的活动，更是有趣、有爱。发现花的凋谢，让孩子们产生了强烈的保护它们的情感，那怎么样来保护好自己的劳动成果呢？孩子们又开展了一系列的探索和探究，恰逢母亲节，孩子们的情感又移情到为妈妈们献花，用辛勤劳动所得的鲜花来表达爱、传播爱，孩子们的能力和情感都在这个活动中不断地生长着。

2. 从做中学——主动探究品格的养成

儿童生来就有一种要做事、要工作的愿望，幼儿园的一片空地正好给孩子们提供了一个做事的机会。在丰富、多元、有趣、探究、创造的活动中，在创造美和传播美的过程中，孩子们获得了成就感，习得了主动学的品质。

教师的感悟

1. 资源的利用

一片空地，一片原来属于成人的空地，还给孩子后让它具有了生命力和意义。因此能够有效发掘、利用现有资源是课程生发和建设的重要保障。

2. 发展的节律

这个故事更多的是融入一日生活中的，是在自然、宽松的氛围下幼儿自由自主探究发现的。因此我们要弹性地、灵活地安排一日作息，顺应孩子的自然节律，在稳定的顺序和生活节奏中，在丰富多彩的活动中，让孩子们去探索发现、分享合作，大胆地用自己的方式创造性地表达内心的想象和愿望。

3. 适宜的支持

在整个过程中教师追随幼儿的兴趣需要，在时间、空间、材料、表达表现等方面给予及时的支持。与幼儿一起体验成功的快乐，失败的烦恼，做一个有情趣的人，过有爱的生活。

唯一的遗憾是由于放假了，我们没有及时收集波斯菊的种子。如果我们收集了种子，来年再去播种时，也许孩子们对波斯菊的成长历程会有更完整的认识……

有轨电车开来啦！

苏州高新区通安实验幼儿园　薛洪贤　朱慧

持续时间：2018 年 10 月至 2018 年 11 月

年龄段：中班

缘起

2018 年 8 月底，有轨电车二号线在通安主干道浒通路沿线贯通运行，电车到家门口，让通安的大人和孩子都产生了极大的兴趣。这学期开学不久，在和孩子们的交谈中，时不时会有孩子提到有轨电车。有的说："昨天爷爷带我去乘电车了，电车是在轨道上开的。"有的说："妈妈带我散步时，我也看见过。"有的问："这个长长的车，是火车吗？"还有的问："为什么这个车会发出'铛铛铛'的声音呢？"……从孩子们的讨论中，我们看到他们对有轨电车的好奇和想要一探究竟的愿望。于是，抓住这个契机，在本学期实施"我居住的地方"主题活动前，我们预设性地将有轨电车的内容审议进了主题教学中。

走近有轨电车

1. 乘车初体验

我和孩子们一起把他们想要了解和探索的关于有轨电车的各种疑问变成了"乘坐有轨电车调查表"，我请孩子们带着调查表，利用周末时间，和家人一起去乘电车并完成调查表。

图 1　乘车初体验

乘坐有轨电车调查表

班级：__________ 姓名：__________ 乘坐日期：__________ 陪同家长：__________

我家附近的有轨电车是________号线。 我乘坐的电车车厢有__________节。
请你和陪同乘坐家长一起画一画，记录下乘坐有轨电车时的发现： （如：车站设施、购票方法、车厢内安全警示标志、乘坐电车主要步骤等）
我乘坐有轨电车后的感受：（请陪同乘坐家长引导孩子说一说，并记录或引导孩子画一画。）

注：各位爸爸妈妈，我们正在开展《我居住的地方》主题课程，请您务必和孩子在“十一”小长假完成乘坐体验和记录，开学后及时带来，便于孩子讨论分享。

图 2　任务调查表

星期一，孩子们带着调查表来到幼儿园。我们一起分享了他们乘坐电车的感受、发现和问题。

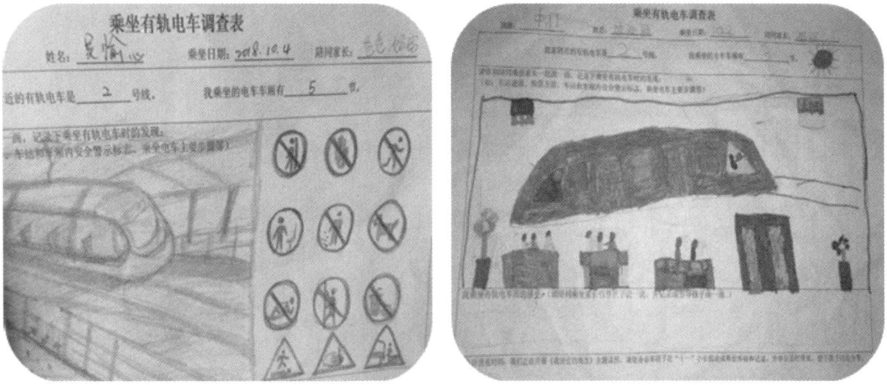

图 3　分享调查表

2. 有轨电车什么样

讨论后，孩子们又通过绘画和制作有轨电车，进一步巩固了对电车的认知。

图 4　绘画、制作有轨电车

3. 乘车再体验

孩子们对有轨电车的兴趣越来越浓厚,他们提出能不能全班一起去坐坐有轨电车。我告诉孩子们,这个首先得园长妈妈同意才行。孩子们给园长妈妈写了一封信,向园长妈妈提出了他们的愿望,并请老师把这封信交给园长妈妈。第二天,园长妈妈回信了,她同意了!

乘车之前,我们要做哪些准备呢?孩子们展开了热烈的讨论。

图 5　准备出发

我们来到了离我们幼儿园最近的一站:到达后,我告诉孩子们我们要去树山站。先去买票吧,可是到树山站要几站呢?"一站?""两站!是两站!"……在站内的地图上我们找到了答案,去树山站要两站。

"要多少钱呢?"

铭铭最先回答:"爸爸给我准备了 4 块钱,去一次两块钱,回来一次两块钱!"

我们一起去自助售票机上找找答案吧!在家长志愿者的帮助下,孩子们很快找到了答案,我们需要两块钱哦!踮起小脚,我们购票吧!

"应该在哪边站台等车呢?"

有的孩子用手指向浒关方向:"那边!"

有的孩子怯怯地指了指树山方向:"是那边!"

“到底该往哪边走呢？”

欣欣：“要坐往那边开的电车，上次我和妈妈就是这样坐车的！”

图 6　乘车再体验

我们的有轨电车

孩子们乘车回来后，已经迫不及待地要分享各自的发现。他们发现：有轨电车有的有三节车厢，有的有五节车厢；站台、车内各种提醒的标识有很多，而且我们小朋友一看就会明白是什么意思；还有，我们需要到站买票、排队上车、文明乘车……有好多学问啊！分享积累了新的经验，孩子们继续在区域游戏时间里绘画、制作有轨电车。但他们已经不仅仅满足于此了，有一天，孩子们提出他们要制作一辆大的有轨电车，来玩开电车的游戏。孩子们的想法得到了我的同意，他们欢呼了。

1. 制作电车

“老师，我们需要大箱子，做电车的车厢。”孩子们小班时在角色游戏中玩过用纸箱做的小汽车，基于这个经验，他们现在还是提出用纸箱做电车，我追问：“一个纸箱够不够？”“我们想做的电车有三个车厢，我们要三个长长的纸箱！”“还要一个纸箱做驾驶室呢！”“那就是四个纸箱。”

车厢做好了，装上圆圆的大车灯，贴上大大的车窗！车厢里还有安全标识，孩子们在区域活动中制作了电车安全警示标识，并贴在了电车车厢里。

图7　制作有轨电车

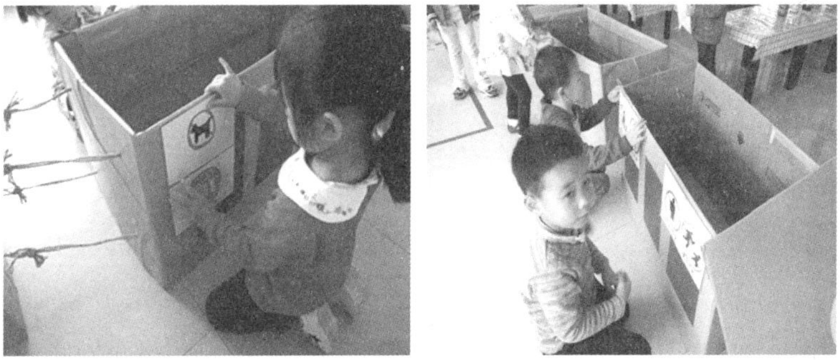

图8　贴安全标识

这时，一个孩子说："记得上次去乘车时，我还看到车厢外面贴着禁止携带宠物上车的提醒，我们的电车也需要！"孩子们又制作了这个标识，并贴在了车厢外面。

2. 站台造在哪里呢

站台造在哪里呢？"造在教室里吗？""会不会太挤呀？教室里有银行、

图9　造站台

医院，还有超市，太挤啦！”

最后，经过讨论，大家一致认为：把站台造在教室外面的大走廊上，那里很大，适合造站台。

3. 设计车票

站台造好了，孩子们又开始设计电车的车票。他们还在车票上写上了数字“2”，表示一张车票两块钱。

图 10 设计车票

4. 铺设轨道

最后，我们要铺设轨道 。“铺在哪里呢？”“站台旁边！”“教室里！”“上次我们就是从站台上坐的有轨电车！”经过孩子们的讨论，我们决定将轨道铺在大走廊的站台旁，走廊地方很大，电车可以转弯呢！

“用什么材料呢？”在老师的帮助下，孩子们选择用自黏纸铺设轨道，自黏纸颜色较多，可以帮助区分标志，贴在地上也很牢固，不会损坏。

我们一起铺设轨道吧！

图 11 铺设轨道

有轨电车试运行

有轨电车做好了，站台造好了，轨道也铺设好了，孩子们很高兴。有孩子说："我们的有轨电车可以开起来啦！"有人提出了反对意见："我们需要先试运行我们的车子。"我问道："什么叫试运行，为什么要先试运行？""试运行就是先试一试，看看有没有什么问题。"其他孩子们都表示赞同。

图 12　试运行后讨论

1. 试运行后的讨论

果然，在试运行后的讨论活动中，大家提出了很多问题。

车子一到站，小朋友们就争着下车，车站内的小朋友也着急上车，一下子就会撞到其他小朋友，太不安全了。

小司机还没有等乘客都上车，就要开车，后面的乘客就会大喊，有点乱糟糟的。

轨道太短了，车子转弯的时候会撞到一起，怎么办？

针对这些问题，孩子们展开了激烈的讨论。最终，孩子们提出了解决的办法。

首先，我们需要一个乘务员，电车到站，可以负责报站和提醒乘客下车，还负责为上来的乘客检票，乘客都上车了，可以提醒司机开车，这样就不会乱糟糟的了。

其次，把有轨电车开到教室里来，在里面再开一个车站。

最后，还要增加一个信号灯，小司机可以在红灯时停下来，让行人先走。

2. 增设站台

解决了试运行时出现的问题，有轨电车正式运行了。过了一段时间，孩子们又提出外面的一个站台太少了，有轨电车只能在外面绕圈圈，他们想把有轨电车开到教室里去。但教室里没有轨道和站台，孩

图 13　增设新站台

子们又开始设计起教室里的轨道，在教室里增设了一个站台，还给新的站台取名叫华通花园站。这时，有孩子提出，那原来走廊的站台叫什么名字呢？经过讨论，孩子们给原来的站台取名叫树山站。

3. 无人乘坐电车引发的思考

某一天的有轨电车游戏中，出现了这样的现象：

图 14　无人乘坐电车

小司机在站台等候好久，迟迟没有客人光顾，小司机还喊着：“有人要坐电车吗？马上要开车啦！”还是没有乘客上车，不一会，小司机也走了……

发现这一现象后，老师以乘客的身份加入，带领孩子一起游戏，结果发现：

孩子们提着车厢行走，小手会很累，车厢太高，孩子跨进去有难度。

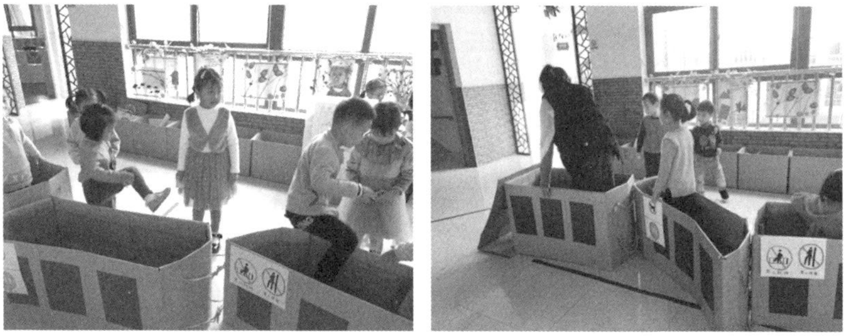

图 15　发现问题

游戏过后，我问孩子们：“为什么今天一开始你们都不玩有轨电车的游戏了？”果然，有孩子提出了提着车厢走太累和出入车厢不方便的问题。经过讨论，我们决定降低车厢高度，增加手提拉环。

改进后，孩子们再玩有轨电车游戏时，果然轻松了很多。但是，我还是发现了孩子们玩有轨电车的兴趣在减弱。有一天，我发现，每次电车开到教室外的时候，总是会有别的班的孩子跑过来看。于是，一次游戏后，我问孩子们：

图 16　降低高度、增加拉环

“其他班的小朋友也想坐我们的电车，怎么办？”

轩轩：“我们的电车轨道没有这么长啊！”

敏敏：“其他班级没有轨道，我们的电车开不过去呀！”

茜茜：“只有我们自己班级有站台，邻班小朋友不好买票的。”

老师：“那可不可以在其他班级门口也开设站台呢？我们的轨道可以铺到隔壁班级去吗？”

欣欣：“我们可以做更长的轨道！”

老师：“对啦！这样中(2)班、中(3)班的小朋友都可以乘坐我们的电车啦！”

想到电车可以走出家门了，孩子们兴奋不已！

图 17　游戏后的讨论

我们再行动，再改造

1. 怎么把好消息告诉邻班新朋友呢

我们的想法邻班的小朋友会喜欢吗？孩子们决定一起来设计、制作宣传单，并在老师的带领下，来到中（2）和中（3）班发放宣传单。“我来给你们介绍一下我们班的有轨电车，我们的电车要开到你们班上来，你们会喜欢吗？”……

图 18　设计、制作宣传单并到邻班宣传

2. 新朋友加入，一起设计站台和轨道

新朋友听说了这个好消息，别提多开心，他们提出想和我们班的小朋友一起设计站台标识牌，还一起给新增的站台取名字！

中(2)班——建通桥站；中(3)班——大润发站；二楼北走廊——新区永旺站！

目前为止，我们的电车游戏中，一共出现了 5 个站台，这些站台的名字，可都是孩子们结合实际生活经验得来的。

这次的轨道，要铺到其他班级，还是用以前的材料吗？怎么办？孩子们决定听听邻班同伴的意见和想法。

自黏纸？绳子？还是纸板？

老师提醒孩子们：“我们要在游戏结束后将轨道都收起来，不影响走路，用哪个材料方便呢？”经过老师的提醒，孩子们最后一致决定用纸板。

接下来，孩子们就分工铺轨道。

图 19　设计新站台

图 20　设计轨道

3. “二号线”延伸试运行啦

我们的电车延伸路线开始运行啦！

中(2)班、中(3)班的小朋友都争着在站台坐车，今天，我们的电车乘客都装不下啦！

图 21　延伸试运行

4. 二号线延伸运行后的讨论

第一次延伸运行后，孩子们又开始讨论起来！

心心：“前面的人都不下车，后面车站的人坐不下了，他们知道下车，就没有座位了。”

靖宇：“我们的车太小了，坐不下很多人。”

轩轩：“我们需要再做一辆电车。”

玥玥：“我们需要人提醒他们下车。”

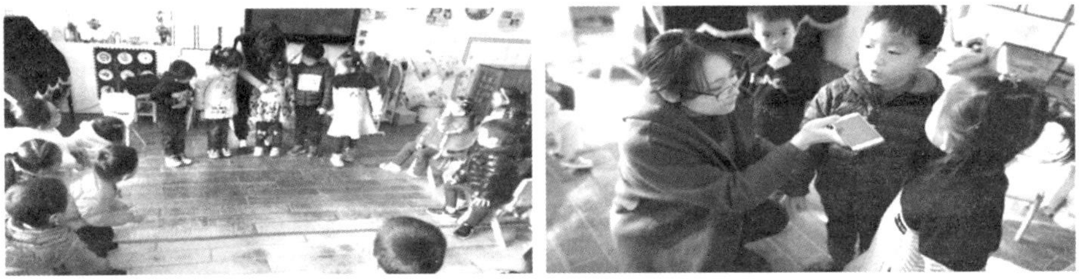

图 22　寻找、录制报站声音

讨论的结果是：我们需要招聘报站员！

老师同意道："是的，现在我们的站台比以前多了，真的需要有提醒上下车的报站员。"

轩轩："但是，电车上没有报站员，那个声音是广播里放的！"

那我们怎么办？"我们也可以录音啊。""对，我们自己录报站录音好了。"孩子们一起学习电车报站录音，他们发现，要用两种语言来报站，先是普通话报站，然后是苏州话报站。谁会说苏州话呀，会说的先来试录音，不会说的，可以一起来学一学哦！最后，根据候选人的录音，大家一致推荐使用欣欣的声音，因为，她的苏州话，说得最好听呢！

5. 竞选小司机

有轨电车延伸路线后，大家都争着要来当小司机。这么多人要当小司机，怎么办？再来竞选一下吧！按照大家的票数，轮流来当小司机！

图 23　快乐的电车之旅

幼儿的学习

如果说在故事的前半部分,是教师基于孩子探索发现的兴趣需要而预设的活动,那么,在孩子们自己萌发要在教室开电车游戏开始,到后来电车游戏情节的不断丰富和延伸,孩子始终是在边玩边发现问题,通过教师的支持,在一起讨论、聆听、动手操作中解决问题,对于中班孩子来说,每一次接受挑战,克服困难,能一起将游戏开展到目前的状态,是教师出乎意料的。在这一系列的过程中,孩子们在做符合自己需要的事、做适合天性的事、做力所能及的事、做能感受挑战的事、做能感受到趣味的事、做能有思维参与的事!虽然,孩子做事时,始终离不开教师的关注和支持,但是,他们才是课程和游戏的主人。

教师的角色

教师抓住幼儿学习过程性的内容,助推幼儿的探究,鼓励幼儿在做中学,呈现幼儿的学习、实践、建构历程,体现幼儿和教师的共同成长。

以充分满足幼儿学习兴趣需要,释放幼儿的潜能为出发点,以解决真实的教育问题为导向,在探索中提升了教师课程引领和实施的水平。

在幼儿探索学习的过程中,作为教师,我们关注了四个要点,即搭支架,创环境,呈现孩子,让孩子真生活、实操作。

大　班

DABAN

啊！ 静电

苏州高新区文星幼儿园 李奕文 王星星 刘 焰

持续时间:2018 年 10 月至 2018 年 12 月

年龄段:大班

缘起

一次户外游戏时,孩子们在滑梯上玩得不亦乐乎。语欣从滑梯上下来捂着手肘说:“啊！好痛啊。”小钰从滑梯上下来拍拍我,刺痛感让我俩下意识地缩了缩手。活动中,我们抓拍了几张游戏照片,回班进行游戏分享时孩子们有了惊奇的发现——大家的头发飞起来了。细心的孩子们还指出头发往旁边、往上面,一根一根的,飞得好高,他们激动地喊道:“哈哈哈,爆炸头!”可是头发怎么会飞起来的呢?

图 1 头发飞起来了

头发怎么会飞起来

1. 我们的猜想

有小朋友说:“肯定是风把头发吹起来的。”也有人说:“是静电把头发弄飞起来的”。同伴间因意见不同起了矛盾。

2. 是风吗?

图 2　风的验证计划

(1) 商讨确定计划。

小钰提议:“我们去试试不就知道了……站在那里,然后看看风会不会把头发吹起来。”“风肯定能把头发吹起来呀！大风就可以。”成成解释说:“不是的,要看风吹的时候,头发是不是这样飞的。”他边说边试着拉起自己的头发。成成是个板寸头的男孩子,他一拉头发就发现了“头发太短的飞不起来”。“要像我们这样长的才行,”一个女孩子说。“你扎着辫子,你的头发也飞不起来啊。”一阵讨论后,大家明确了下一步的游戏计划:女孩子散开头发在楼下等风,观察头发、拍照比较。

(2) 实验验证。

有了计划,我们很快行动起来。“有风了有风了,头发飞起来了!”依依

图 3　验证猜想:是不是风

激动地喊大家来看。航程在一旁则提出了质疑：“不对不对，头发只往旁边飞，没往上面飞。”“肯定是风不够大，再等等……”一阵观察等待后大家发现：风只能把头发吹起来，但是不能让它像上次那样竖起来。

3. 是静电吗？

（1）静电是什么样的。

孩子们调动以往的生活经验指出：静电是白色的，会发出很亮的光，在黑的地方能看见；静电像爆米花有“啪”的声音；静电就是“刺”的一下，像在手上抽血，像在屁股上打了一针，像被蜜蜂扎了一下手……

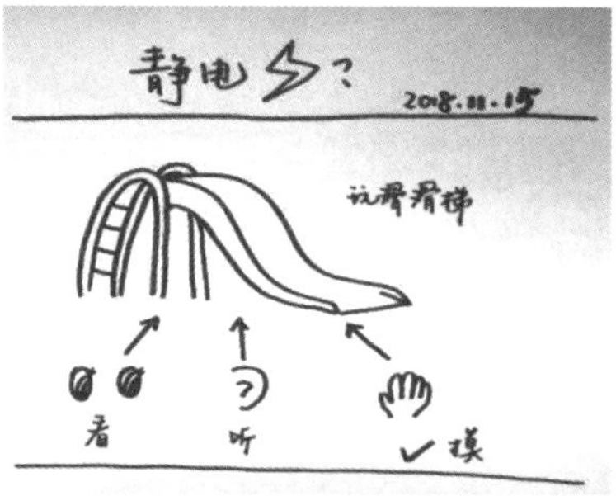

图 4　静电的验证计划

大家决定再去玩一次滑梯，看一看，有没有很亮的一下子；听一听，有没有声音；摸一摸，感觉一下刺不刺。调动多种感官，用看、听、摸的方法来实验就是我们下一步的游戏计划。也有小朋友说：“外面很亮，哪看得清啊；外面那么吵，也听不清吧。”是不是这样呢？我们带着疑问开始了实验。

（2）实验验证。

女孩子从滑梯上下来后，大家围在旁边有的看、有的听、有的摸。看的小朋友发现：没有亮的一下，但是头发又飞起来了。听的小朋友也没什么发现。摸的小朋友则欣喜地向大家介绍：“她的头发会吸到我手上来！”散着头发的女孩子说：“我滑下来的时候静电了，有刺刺的感觉。”大家也纷纷上滑梯实验，都多多少少发现了静电的身影。果然和我们想的一样，用摸的办法

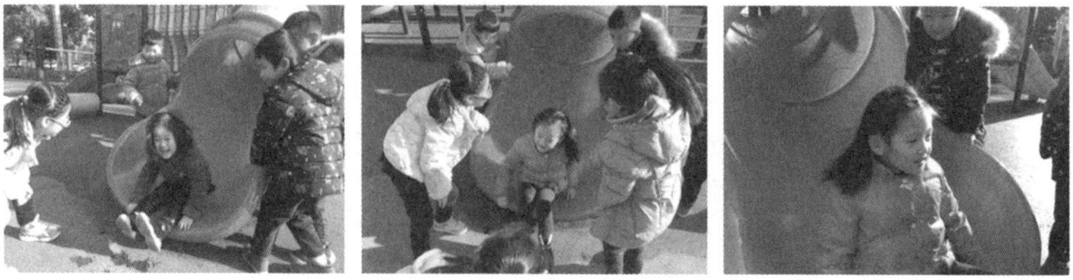

图 5　验证猜想：是不是静电

最有效。我们把游戏照片和之前的“爆炸头”进行了比较，这下可以确定了：确实是静电让头发飞起来的。

孩子们时常在滑梯玩耍，对这里既喜爱又熟悉。这次滑滑梯的过程中发现“爆炸头”显然成了班里的“大新闻”。这个奇妙的偶发事件引发了幼儿的高度关注，他们讨论着、猜测着，兴奋好奇之情溢于言表。《指南》指出：成人要善于发现和保护幼儿的好奇心，充分利用自然和实际生活机会，引导幼儿通过观察、比较、操作、实验等方法，学习发现问题、分析问题和解决问题。我们及时把握幼儿对生活事件的好奇和关注，与他们商讨游戏计划，借助生活机会开展了一系列的实验活动来验证猜想。

为什么会有静电

1. 猜测一：有太阳所以有静电

确定了是静电后，孩子们很快又有了新的问题：为什么会有静电呢？有小朋友说：“肯定是因为有太阳！滑滑梯上每次发现静电的地方都有太阳。”

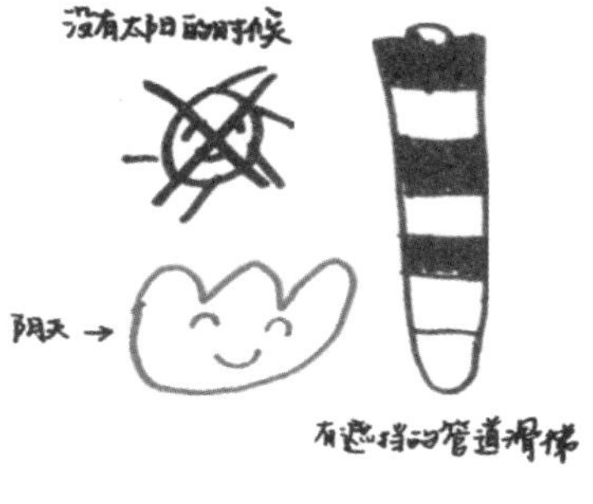

图 6　关于太阳的验证计划

（1）商讨游戏计划。

萌萌提出：“在没有太阳的时候去滑滑梯试试。”还有小朋友提议说：“有一个有罩的滑梯那里面没有太阳，可以去那里试试。”我们首先来到了管道滑梯旁进行实验。

（2）管道滑梯实验。

小哲滑下来说：“有静电，有静电的！”小钰也表示：“我手上静了好几次电。”苏苏滑下来后摸了摸后背，“哎呀！我的背都电到了……”萌萌皱着眉头说：“里面照不到太阳，外面照到了呀！还有最下面这里。”航程告诉她：“我是刚下来的时候就发现了静电，那个里面没有太阳。”看来照不到太阳的地方还是会发生静电，这到底是怎么回事呢？萌萌咕咕哝哝地说：“肯定不准。”有的孩子陷入了困惑之中。

图 7　管道滑梯实验

（3）阴雨天滑梯实验。

这天早上小米兴奋地跑来告诉我："老师，昨天我跟奶奶一起听天气预报了，今天多云转阴，没有太阳了！"于是我们再次来到了滑梯处进行实验。经过几天、几次的游戏孩子们发现：阴雨天很少出现静电。这和我们上次管道滑梯的实验结果产生了矛盾。明明都没有太阳，怎么一次有电，一次没电呢？大家有点摸不着头脑。

（4）讨论对比，引发思考。

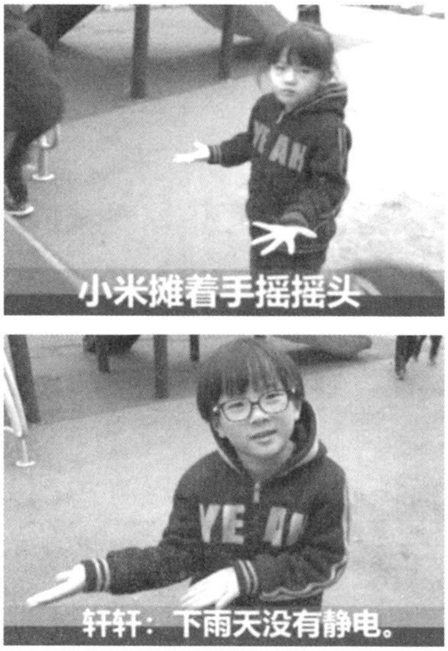

图 8　阴雨天滑梯实验

我们回班进行了讨论：晴天管道滑梯的实验和阴雨天的实验有什么不一样呢？馨馨想了想说："下完雨旋转滑梯有点滑不下来。"檬檬说："裤子有点黏，滑不快。"毛毛还指出："刚刚我们下来的时候滑梯上有水，我们把水擦掉之后，滑梯摸起来冰冰的、凉凉的。"有人猜测："肯定是太冷了所以没有静电。"也有人说："可能是湿吧。"大家的猜测指向了温度和湿度。

2. 猜测二：温度、湿度影响着静电

（1）新经验——湿度。

温度、湿度到底和静电之间有什么联系呢？我们班级一直有"天气预报"的播报和记录活动，孩子们对于天气和温度有一定的前期经验。那么湿

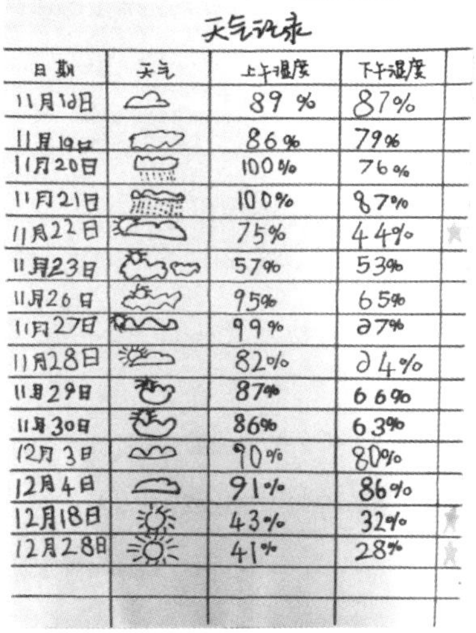

天气记录

日期	天气	上午湿度	下午湿度
11月18日		89 %	87%
11月19日		86%	79%
11月20日		100%	76%
11月21日		100%	87%
11月22日		75%	44%
11月23日		57%	53%
11月26日		95%	65%
11月27日		99%	27%
11月28日		82%	24%
11月29日		87%	66%
11月30日		86%	63%
12月3日		90%	80%
12月4日		91%	86%
12月18日		43%	32%
12月28日		41%	28%

图9　天气湿度记录表

度又是什么呢？有孩子说："天气预报上好像有……妈妈的手机上可以看天气预报的。"于是我们打开了手机查看天气。手机天气软件可以帮助我们关注实时天气状况，里面就有一项指标"湿度"。"什么时候你们会觉得湿呢？"孩子们一致认为，下了雨之后会感觉湿。湿度代表的就是空气里的水汽，水汽越多空气越湿润，水汽越少则越干燥。我们在班级投放了湿度指示计，通过它帮助大家进行观察记录。

（2）观察结果。

观察过程中，有小朋友说："我还以为（湿度）不会到100%的，没想到真的可以。"经过长达半个月的观察和数据对比，大家发现：雨天、雾天的湿度很大，晴天湿度稍小；一天中的湿度一直在变化，上午的时候高，下午的时候低；湿度40%以下我们觉得干的时候就会有静电，湿度超过60%的时候就没什么静电。原来，天气干燥静电就会比较多，而湿润时静电就比较少。

3. 猜想三：摩擦后接触就会有静电

对于为什么会有静电，有小朋友说："要有摩擦！要摩擦，然后碰了才有静电。"一说到摩擦孩子们就开始搓手和旁边的小朋友进行接触实验。尽管调整了摩擦的力度，可是几次摩擦下来还是没有静电。于是大家有了新的疑问："怎么滑梯上摩擦了就有静电，手上摩擦了却没有静电呢？"

（1）滑梯摩擦实验。

滑梯究竟哪里有静电？哪里静电多呢？根据这些问题，我们一起商讨并制订了下一步的游戏计划。

四个滑梯它们的扶手、通道是孩子们前期经验中滑梯上出现过静电的地方。哪里静电最多？发生静电的时候摩擦了吗？大家进行了实验，这是孩子们实验后的一些记录和感受。

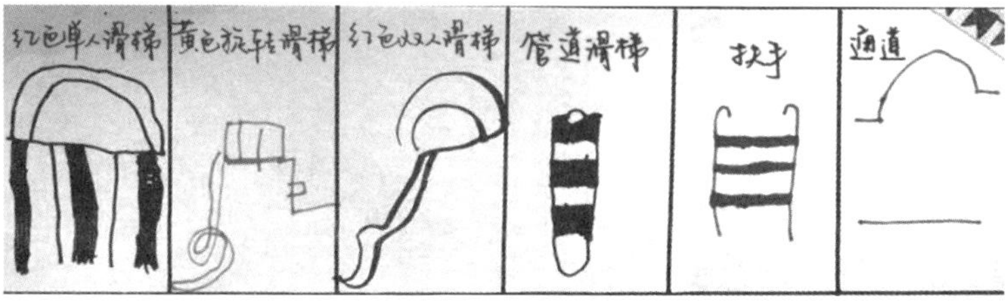

图 10　滑梯摩擦的验证计划

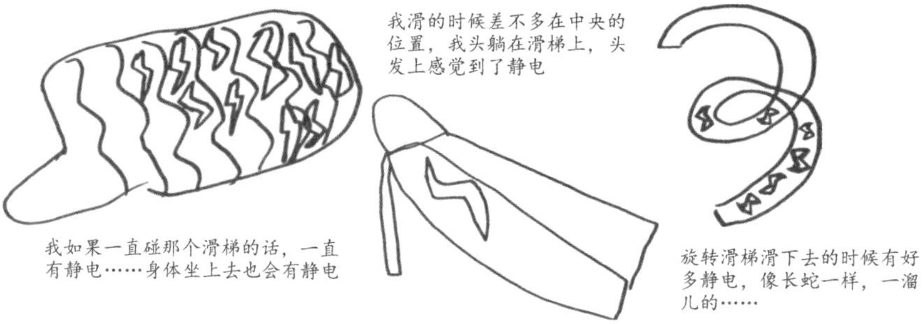

图 11　滑梯摩擦的实验发现

几次实验下来大家发现：摩擦之后确实有静电。旋转滑梯上静电最多，它最长；管道滑梯的静电也很多，它滑下来的时候速度最快。但也不一定要有摩擦才有静电，扶手和通道没有摩擦也发生了静电，大家猜想可能手上或者东西上本来就有电。看来摩擦的时间和速度与静电的产生是有联系的。这之间到底是什么联系呢？大家有进一步探索的愿望和兴趣，于是我们的摩擦实验在探索区如火如荼地开展了起来。

（2）探索区摩擦实验。

探索区里投放了许多孩子们从生活中收集来的实验材料，如：塑料块、塑料管、玩具等。顺顺来到探索区后选择了塑料块和纸屑进行实验。他拿起塑料块与桌面进行摩擦，而后迅速将塑料块移至纸屑上进行

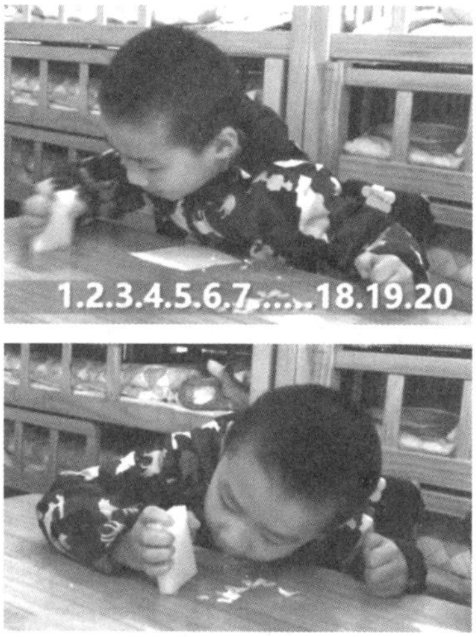

图 12　探索区摩擦实验

观察。几次摩擦接触未果后，顺顺将面前的纸屑分成了小、中、大三堆。“为什么要这样分开呢？”顺顺告诉我：“太散了，把小的放一起，大的放一起，这样好吸……”

又继续了几次实验，三堆纸屑并没有什么变化。顺顺嘴里数着“一二三”，通过数数有意识地延长塑料块与桌面的摩擦时间，手上更加用力也逐渐加快了摩擦的速度。再次验证时他却只把塑料块放在了小纸屑上。“为什么这次只放在小纸屑上呢？”顺顺说：“先吸小的，小的吸不起来，大的肯定也吸不起来。”

实验中不管是摩擦的时间、速度、力度，还是验证的对象都在不断地调整。这些尝试是孩子们前期探索中积累下来的经验，也是他们实验中细致的观察和大胆的猜想。他们在实验中，从不断失败到逐渐趋向于成功，到真正成功甚至多次成功，这个过程中他们积极主动地动手参与，认真专注地观察，不怕困难失败了敢于尝试并不断调整，学习品质得到了锻炼和提升。

图 13　大纸片也能吸上来

游戏中，他们还能积极主动地与同伴分享自己在游戏中的发现和问题，比较两人行为的不同进而推理验证。几次游戏后顺顺还提出了一个大胆的猜想：信不信我能把这个大纸片吸上来。初次实验失败了，他对同伴说：“太大的是不是不行？”通过不断地调整摩擦时间、摩擦速度和力度，几次实验后他改观了：大纸片也是可以吸上来的。在反复的、多次的实验中，大家发现：摩擦的时间长、速度快、力度大都能促使静电产生。

《指南》指出：幼儿的科学学习是在探究具体事物和解决实际问题中，尝试发现事物间的异同和联系的过程。幼儿通过直接感知、实际操作和亲身体验获取经验。在探究静电成因的过程中，幼儿通过实验获得了丰富的直接经验，展开了多次猜想和验证。针对探究中遇到的问题，他们尝试判断、推理、再验证，逐步发展探究能力和逻辑思维能力。他们积极主动地参与，认真专注，不怕困难，敢于尝试，在探索中将影响静电的因素从太阳聚焦到气温、湿度，从摩擦聚焦到摩擦的时间、速度和力度上，将探究逐步引向深入。

生活中的静电

1. 绘本丰富知识经验

在图书区我们投放了许多与静电相关的绘本，如《噼里啪啦麻麻酥酥》《捣乱的静电》等。通过生活中有趣的静电现象引发幼儿的共鸣，进行静电小实验，了解静电的用途，谈论生活中的静电现象……借助绘本支持幼儿的探索兴趣，逐渐丰富拓展他们的知识经验。

图 14　与静电相关的绘本

2. 区域游戏持续深入探究

大家还找来了木头、玻璃、布料等多种材料进行实验探索和记录。每个幼儿的经验水平和兴趣需要不同，我们充分理解和尊重幼儿发展进程中的个别差异，支持和引导他们从原有水平向更高水平发展。

图 15　区域材料的跟进

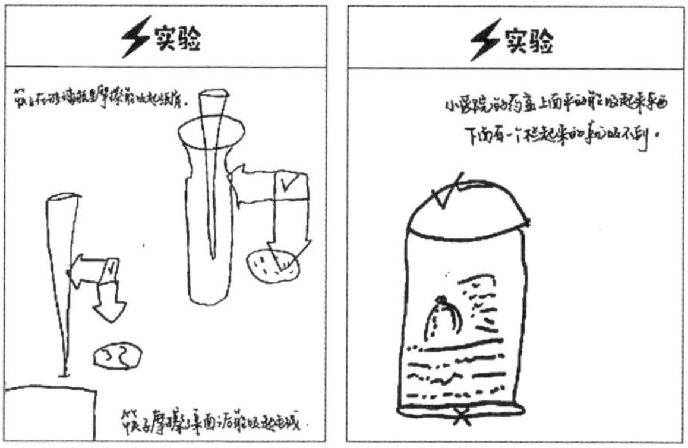

图 16　区域游戏实验记录表

3. 我的静电日记

生活中，孩子们自发地将发生静电的情形记录了下来，有的小朋友经常能发现静电，有的小朋友却很少发现。其实静电的产生和人的体质也是有关系的，那怎么样才能让静电少点呢？大家回家和爸爸妈妈一起展开了调查，原来多吃水果蔬菜、多喝水、使用加湿器、梳子梳头前沾水等都是生活中消除静电的小妙招。

图 17　我的静电日记

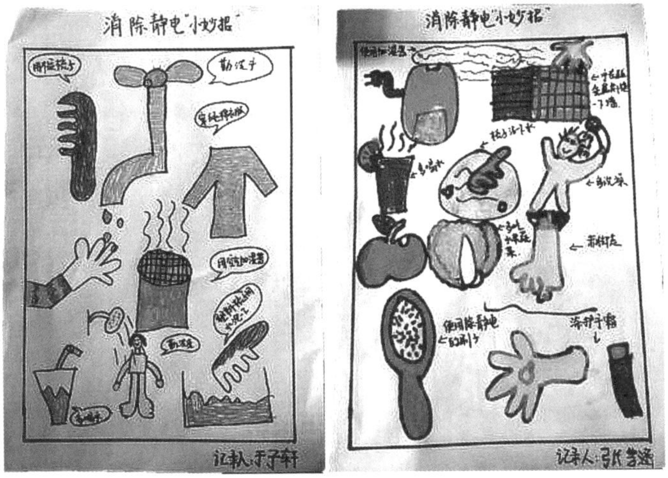

图 18　消除静电小妙招

幼儿的生活就是幼儿的教育，幼儿的教育就是幼儿的生活。与静电的一次偶遇、一番探索，让大家从最初的惊讶缩手到逐渐期待甚至开始有准备地迎接。我们在一步步地接近静电，也在一步步地接近生活、接近科学。生活中的静电既有用又恼人，绘本、深入的实验探究和亲子调查，丰富了幼儿对静电的认识，让这个来源于生活的静电，最终回归于我们的生活。

幼儿的收获与成长

《啊！静电》是一次幼儿与静电的奇妙偶遇，是一次幼儿与生活的亲密互动。在这段长达两个月的"慢课程"中，我们和孩子一起讨论猜想、推理验证、记录分享，幼儿在语言表达、科学探究、社会交往和学习品质等多方面得到了发展。

（1）幼儿对于游戏中的新发现"头发飞起来了"产生了浓厚的兴趣，能调动已有的生活经验大胆猜想，并尝试制订简单的实验计划。

（2）游戏中，幼儿能保持探究热情积极主动地参与实验，充分调动多种感官感知、体验静电；能用数字、图画等形式记录自己游戏中的发现；想说、敢说、喜欢与他人讲述自己的发现或遇到的问题。

（3）实验后，幼儿能对观察发现进行比较、分析推测原因，将影响静电的因素从太阳聚焦到温度、湿度，将摩擦具体到摩擦的时间、速度和力度上，不断修整细化着自己的猜想并进行持续深入的观察记录和实验探索。

（4）在摩擦实验中，幼儿能大胆尝试，遇到困难能够坚持不轻易求助，能为同伴出主意、想办法，在实验取得成功后还能积极地展开新挑战。

（5）在发现静电、了解静电成因、调查消除静电方法的过程中，幼儿获得了有关空气湿度的新经验，也在猜想、推理、验证的过程中改造重组着旧经验，建构起新的经验。

教师的思考与感悟

1. 敏锐洞察幼儿的兴趣是活动开展的前提

幼儿对这些亲身经历的奇特现象，这些既好奇又无法马上解释的现象充满了兴趣。洞察他们的兴趣和需要，选择有价值的话题开展活动，让他们在亲身体验、实际操作中逐渐建构起对静电的认识。

2. 专业支持幼儿的探究是活动持续的关键

在接触“为什么会有静电”这个话题的时候，我们教师自身一知半解。考虑到幼儿科学学习的严谨性，随着探究的深入，对于幼儿在探索中遇到的问题，我们没有随意地做出回应，而是通过活动前期的网络搜查，活动中期的问题收集，借助了网络平台和专业人士的帮助。因此，要想支持幼儿的探究，教师自身要有一定的专业知识储备。

3. 积极引导幼儿与环境、他人互动是生活教育的真谛

由于我们研究对象自身的特点，很多时候要基于幼儿的感知去验证，几次游戏下来我发现很多我认为不会有静电的情况下都产生了静电，这对我自己的认知是一个很大的冲突。我尝试着和孩子们一起去滑梯上实验，让他们也给我拍照；有疑问的时候我按照他们的实验记录去尝试，询问他们“你是怎么做的”。大家对于这种做法也感到很新奇……融入他们的游戏，

引导他们与环境、与同伴、与老师家长互动,成为他们探索路上的同行者。

陶行知先生曾说:“生活教育就是给生活以教育,用生活来教育,为生活向前向上的需要而教育。教育要通过生活才能发出力量而成为真正的教育。”课程“向生活世界回归”,关注幼儿生活中的兴趣和需要,支持幼儿的探索实践,引导幼儿在与环境、与他人的互动中获得经验,正是生活教育的真谛。

刺毛虫的故事

苏州高新区阳山实验幼儿园　张梦艳

持续时间:2018 年 9 月至 2018 年 9 月

年龄段:大班

缘起:我被蜇了

9 月 10 日的这一天,我们班来到了树屋进行晨锻活动,孩子们雀跃地爬上了树屋尽情游戏,没过多久却突然听到了孩子们的呼叫……我问:“发生什么事了?”这时,天天从树屋上走了下来,含着泪水,伸出手说:“我的手有点疼。”我仔细看了看,小手上有点红,但没有破皮,看不出是被什么给刺了。在一旁的磊磊大声地说道:“老师,天天好像是被虫给蜇到了!”小朋友们都围了过来,想看天天的手,安慰着天天,又七嘴八舌地问:“哪里有虫呀?”磊磊说:“有的,绿色的,身上有刺。”熙熙问:“那是什么虫呀?”我说:“估计是刺毛虫了。”小雨说:“那有刺毛虫我们还能在树屋里玩吗?”我说:“被刺毛虫蜇到,小朋友会很疼的,树屋暂时不能玩了,我们下来去操场上玩吧!我带天天去医务室看看。”

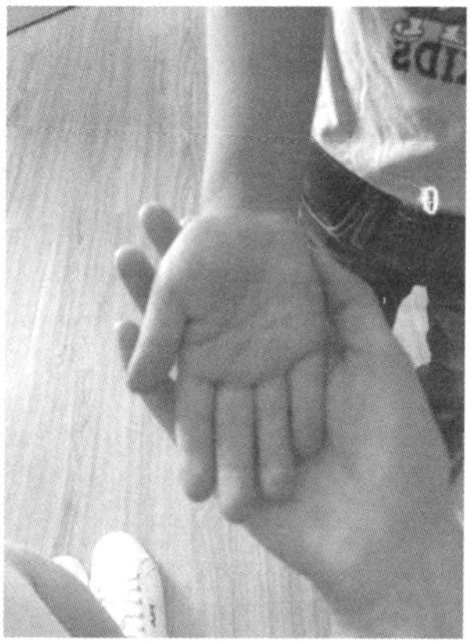

图 1　孩子的手被蜇了

被刺毛虫蜇了怎么办

天天从医务室回到教室后，孩子们又围着天天问还疼不疼，天天表示消了毒好多了。小朋友们问："医生怎么帮你拔刺的呀？"天天想了想，说不出来。为了让孩子们了解被刺毛虫蜇后的处理方法，我们请了医务室的袁医生给孩子们进行了讲解。原来。被刺毛虫蜇伤，可先用医用胶布或透明胶带用力反复多次粘掉皮疹处的毒毛，清除毒毛后及时用普通碱水或者肥皂水冲洗，症状就会逐渐消退。

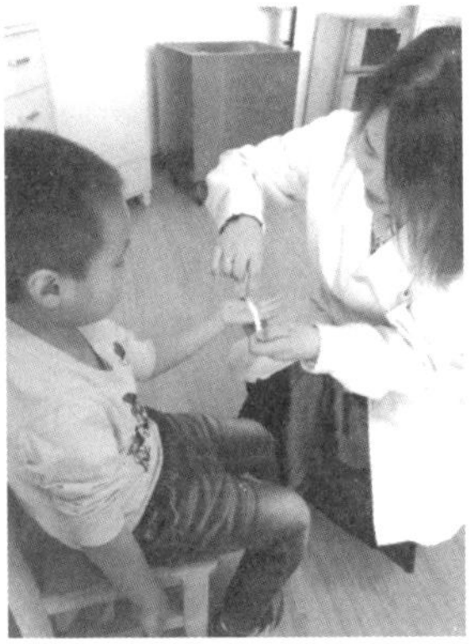

图2　医生帮天天消毒

图3　校医讲解处理办法

刺毛虫长什么样

孩子们了解之后，有小朋友问："天天，你看见蜇你的刺毛虫长什么样了吗？"天天摇了摇头说："我不知道，我就摸了一下树，就觉得疼了。"我问："磊磊，你说你看见了，你来说说刺毛虫长什么样子吧！"磊磊兴奋地站起来说："就是绿绿的，还有很多刺，我在我家那边的树上也看到过。"这时，坐在一旁的辰辰也说："我好像也看到过，就是有点记不清了。"睿睿说："我知道，就是像毛毛虫一样嘛，有刺，还有很多脚！"于是，我说："那我们上网搜搜,看看刺毛虫是长什么样子的吧!”于是,在孩子们期待的眼神下,我们上网用关键词“刺毛虫”搜到了很多图片。看到图片上那么多不同样子的刺毛虫,孩子们说道:“好多刺毛虫呀!”磊磊看见了屏幕上绿色的刺毛虫,立马指着说:“我看到的就是那条绿色的刺毛虫,就是长这样的,背上有很多刺的。”(见图4)乐乐说:“有的刺毛虫不是绿色的,还有红色、黑色的,还有黄色的。”熙熙说:“怎么刺毛虫长得都不一样的呀?还有这么多颜色!”雯雯说:“而且有的长,有的短。”焘焘说:“他们背上的刺也不一样,那条红色还有点黑色的刺好长啊!”嘉嘉说:“对呀,刺的颜色也不一样的,刺也是有黑色的还有白色的。”辰辰说:“这些刺毛虫形状都不一样,有的扁扁的,有的圆圆的。”我说:“原来,刺毛虫还有很多颜色,红的、黑的、绿的、白的等等。而且形状也不同,有的是扁平状,有的是棱柱状的。背上的刺也有的长有的短,颜色一般和身体颜色一样。”

图4　刺毛虫图片

什么时候有刺毛虫

我问:“以前我们的树屋上有刺毛虫吗?”熙熙说:“没有吧,我们以前也玩树屋的,没看见呀!”乐乐也说道:“对呀,老师,我们中班玩的时候都没有看见过,怎么现在就有了呀?”小诺问:“是不是哪里爬过来的?”磊磊站起来说:“哦哦,肯定是像蚊子一样,飞过来的!”小诺反驳道:“刺毛虫又没有翅膀,怎么飞过来,肯定是从地里爬出来的!”我建议道:“我们回去问问爸爸妈妈吧,和爸爸妈妈一起找找资料,看看到底什么时候会有刺毛虫。”带着这个问题,孩子们一天都在讨论着关于刺毛虫的话题。回到家中和爸爸妈妈一起上网寻找关于刺毛虫的资料。到了9月11日,有不少小朋友跑来跟我说了他们和爸爸妈妈一起找到的答案。辰辰说:“我妈妈和我一起找的资料,说夏天的时候会有很多刺毛虫,因为刺毛虫喜欢吃叶子,苹果树、梨树上都会有刺毛虫，有的花上面也有！”焘焘说：“秋天也有的，我妈妈说绿色的叶子上就有刺毛虫。”接着，小雨也说：“柳树上也有，还有槐树上也会有刺毛虫。”乐乐听了，说道：“哦，刺毛虫喜欢吃绿色的叶子，所以有绿色叶子的树应该都有刺毛虫！”熙熙惊讶地说：“啊？那不是很多树都会有刺毛虫吗？”

话题一下子从“什么时候有刺毛虫”到了“哪些树上有刺毛虫”。于是，我建议道：“我们一起坐下来上网搜索一下吧！”通过百度百科，我们了解到：刺毛虫是刺蛾的幼虫，每年6至9月份是刺毛虫的盛发期。多见于绿色叶面，食叶而生，曾经大量生长在北方的夏、秋季的紫穗槐等灌木和臭椿植物上。同时我们也发现，南方的夏秋季节一直是雨水多发期，往年雨水多将刺毛虫冲刷掉，没有形成肆虐现象，而今年夏天高温少雨，加重了虫害，因此今年树上生长了大量刺毛虫。

哪些树上长刺毛虫

我问：“那是不是所有的树上都有刺毛虫呢？”辰辰说：“我和妈妈找的资料上说果树上，还有香樟树上会长刺毛虫的，其他我不知道。”我说：“我们幼儿园里面也有很多树木，我们可以去找找幼儿园里哪些树长刺毛虫。”乐乐说：“好呀好呀，我们可以在幼儿园转一圈，这样就能看到所有的树了。”小诺：“可是昨天天天就被蜇了，我们也被蜇到怎么办？”我问道：“那我们可以

图5 幼儿讨论哪些树上长刺毛虫

用什么东西来保护自己不被刺毛虫蜇到呢?”磊磊说:“我用一块板好了,我举着一块板,刺毛虫就掉到板上,不会掉到我身上了。”思思说:“板那么重怎么举呀?”磊磊说:“那我拿根绳子,把板绑在我身上就好了。”这时,斐斐站起来说:“可以撑伞呀!”我开心地说道:“这个方法不错,还轻松,还有什么能帮助我们?”辰辰说:“还可以穿雨披。”浩浩听到了,兴奋地说:“我家有雨披!”其他小朋友也兴奋地表示自己家有雨伞和雨披。于是,孩子用绘画的方式,把自己要准备的材料画了下来,然后带着自己的画纸和爸爸妈妈一起准备在寻找刺毛虫中保护自己的装备。9 月 12 日这一天,孩子们从家中带来了自己的装备,有的带了伞、雨披,还有的小朋友带了帽子和手套。

图 6　幼儿绘画需准备的材料

图 7　幼儿绘画图

图 8　幼儿带来了工具

孩子们穿戴好装备,大家一起进入园内寻找有刺毛虫的树木。浩浩穿着雨披,手指着玉兰树说:“老师,你看,这里好像有刺毛虫。”尧尧撑着伞看了看地上说："我这里好像有绿绿的刺毛虫。"小诺靠近了灌木丛，说道："我这里好像没有诶。"乐乐戴着帽子，弯腰在香樟树地上找着，说："地上有一些，应该是树上掉下来的。"孩子们围着校园找了一圈，发现了很多地方都有刺毛虫的痕迹。我说："看来，幼儿园里石榴树、枫树、海棠、香樟树和橘子树上有刺毛虫。"小雨说："老师，这样我们是不是就再也不能去树屋玩啦？"乐乐说："还有山坡，山坡那边有香樟树，有刺毛虫，也不能去玩了。"淘淘突然说道："我们不去玩，其他班的小朋友会不会去玩呀？"熙熙说："当然不能去玩啦，被蜇了怎么办呀！"我接着问道："那其他班小朋友不知道树上有刺毛虫怎么办？"

图 9　幼儿进入校园寻找刺毛虫

怎样不让其他小朋友被蜇到？

乐乐说："那我们去告诉他们呀！"我问："用什么方法告诉他们呢？"乐乐说："对呀，怎么告诉他们呢？ 我们每个班都去说一下吗？"熙熙说："啊？那要去很多班，要走多久啊？"小雨说："我们可以画个标记，禁止靠近，老师不是教过我们禁止标志吗？"我说："这个主意不错，贴个标记来提醒大家，禁止小朋友靠近或者在这里游戏。"说动手就动手，孩子们一起绘画了禁止靠近的标志，小雨的画上还有梯子和栅栏。（见图 11）我问小雨："画梯子在这里是什么意思?”小雨说:“就是把梯子拦在这里,不让小朋友到山坡里面去玩。”我说:“原来除了做标记,我们还可以一起做个围栏。”孩子们画完标记后,又动手搬了椅子和梯子拦在了山坡旁,把标记贴在了围栏上,提醒其他班级的小朋友不要靠近树木,不进到山坡和树屋游戏。

图 10　幼儿绘画禁止标记

图 11　小雨绘画作品

图 12　幼儿用材料搭建围栏

如何消灭刺毛虫

9 月 17 日中午散步的时候,小雨说:“老师,我们好想快点去山坡和树屋那边玩呀?”乐乐也说:“对呀,我们都好久没有去山坡和树屋玩了。”我说:“可是这段时间刺毛虫还有很多呀！怎么办呢?”熙熙说:“那就杀死刺毛虫呀!”思思听到了,连忙说:“老师,我奶奶说,刺毛虫可以用一种药水杀死的,树上喷点药水就好了!”熙熙说:“哪里有药水？幼儿园里面有这种药水吗?”

我接着问道："确实可以给树木喷药来消灭刺毛虫，我们可以请谁帮忙呢？"宸宸说："请那些种树的人来。"乐乐说："请保护树木的人来，请他们来喷药水。"我说："这些种植和保护树木的人，我们可以称他们为绿化队工人，我们可以让幼儿园邀请他们来喷药灭虫。"小朋友们听到后，齐声说好，都想要快点请绿化队工人来幼儿园消灭刺毛虫。我们请幼儿园后勤主任联系了绿化队工人后，一天早晨，绿化队工人带好了药水和工具来到幼儿园工作。工人们拿出了许多大大小小的药瓶，按比例先在桶内进行了调配，再将桶内的药水倒入车子的水箱内混合。有一根连接水箱的管子，汽车边向前开，水管内边喷出药水洒在园内的树木上。

图 13　绿化队工人配药、喷药

9 月 20 日的这天，小雨问道："老师，我们散步的时候能去山坡那边走轮胎吗？"我回答说："喷药才几天，不知道刺毛虫消灭了没？要不再去看看，没有了我们才能去。"孩子们答应着，一起去山坡看了看。小雨说："我看见地上的刺毛虫都是干的了。"磊磊说："那刺毛虫应该被杀死了。"辰辰说："我感觉刺毛虫好像少了。"小诺说："应该还要再喷几次药，这样我们就能来玩了。"我说："看来，喷药水的方法确实很管用，刺毛虫变少了，但还是有一些，还得多喷几次。喷了药，药水也需要时间来发挥作用，我们还得等一段时间。"虽然，山坡和树屋还不能玩，但孩子们知道药水起了作用，再过段时间就能游戏了，也一起期盼着。过了好几天，园内的刺毛虫渐渐消失了，孩子们将围栏和标志都撤除了，山坡和树屋里，又传来了孩子们欢乐的笑声。

《指南》科学领域指出：成人要善于发现和保护幼儿的好奇心，充分利用自然和实际生活机会，引导幼儿通过观察、比较、操作、实验等方法，学习发现问题、分析问题和解决问题；帮助幼儿不断积累经验，并运用新的学习活动，形成受益终生的学习态度和能力。这次的刺毛虫故事缘于一次偶然的事件，孩子们对刺毛虫这个生物有好奇心，也有恐惧心理。教师抓住这一个契机，与幼儿一起思考、认识、探索、发现。而在日常活动中，我们身边也会发生很多突发事件，我们要抓住生活和大自然赐给我们的机会，多与幼儿一起探索，培养幼儿对探究学习的兴趣。

反思

1. 幼儿的学习与成长

《刺毛虫的故事》是大班的幼儿通过一次突发事件引发出了一系列问题，也衍生出了一系列活动。幼儿在活动中提出问题、寻找资料、自主探索来解决问题。教师与幼儿共同观察、寻找资料、探索发现……在这个过程中，幼儿在学习与成长：

（1）被蜇的孩子，从一开始被蜇后对刺毛虫的害怕，到后来与其他小朋友一起去认识、寻找发现刺毛虫，他已克服了对刺毛虫的恐惧心理；

（2）请校医来与幼儿一起了解被刺毛虫蜇后的处理方法，幼儿了解后，更是不再害怕刺毛虫，能勇敢地面对自己未知的事物；

（3）在讨论刺毛虫如何来的，寻找刺毛虫的方法，如何在寻找中保护自己等过程中，幼儿能够积极思考，在讨论中有争论、有反驳，在不断的思维碰撞中寻找解决问题的办法，形成一种良好的学习品质。

在整个活动过程中，幼儿兴致盎然，带着兴趣去发现，怀着期待去寻找，始终置身于学习的状态中，利用多种工具和方式去解决问题，为自己寻找到的答案而感到兴奋和满足。幼儿也开始对周边的事物更善于观察和发现，乐于去探索，相信这就是幼儿对兴趣点的自主学习。

2. 教师的发现与收获

（1）解决突发问题是探索活动的机遇。

在日常活动中，幼儿总会遇到各种突发事件，在解决这些突发事件中，幼儿发散的思维会延伸出很多问题。教师在解决突发事件的过程中,可以基于幼儿的问题和思考,组织幼儿进行讨论,支持和引导幼儿对未知事物有探索的兴趣,勇于提出自己的想法;可以创造条件支持幼儿的行为,请幼儿寻找适宜的材料开展活动,满足幼儿对探索的欲望。

(2)支持与鼓励是探索活动发展的助力。

教师参与幼儿的讨论,提供幼儿探索的机会,就是对幼儿探索活动的支持。当幼儿突然对蜇人的刺毛虫感兴趣的时候,和他们一起搜索图片,一起观察讨论刺毛虫是怎么来的,充分倾听和肯定他们的想法。鼓励幼儿收集保护自己的工具,支持幼儿一起去幼儿园内寻找哪些树上有刺毛虫,让幼儿感受到自己的想法和行为是得到教师的肯定与支持的。在一种满足与轻松的氛围中,幼儿在身心各方面都得到了自由,更愿意大胆地说出自己的想法,在活动中有创意地表现,让幼儿乐于参与探索活动。

走近酵素

苏州高新区金通幼儿园　朱尹蕾

持续时间:2018 年 10 月至 2019 年 1 月

年龄段:大班

缘起

在“畅游春天”的主题中,孩子们进行了一次远足活动,地点是固锝公司旗下的“幸福农场”。孩子们在农场中感受农趣,亲近自然,还接触到了一个新名词——酵素。从“幸福农场”回来后,孩子们还在热烈地讨论着这次农场之旅。

图 1　农场老爷爷介绍酵素

有关酵素的讨论

一次午睡起床后的点心时间,几个孩子凑在一起讨论着关于酵素的话题。

涵涵:“什么是酵素啊?”

球球根据自己在农场听到的知识进行了解答:“酵素是水果皮、白糖、蔬菜皮做成的。”

图 2　谈论酵素

听了球球的解释，涵涵还是不理解。

轩轩："我也不知道，我们去问问老师吧。"

于是，孩子们就询问了我，我和孩子们约定了有空一起上网查一查！

第二天的"农场见闻分享会"活动中，很多孩子都画了农场的"酵素小木屋"。

基于孩子们对酵素表现出来的浓厚兴趣，也为了更好地解决孩子们关于酵素的困惑，我们开展了一次制作酵素的活动。

图 3 "农场见闻分享会"中孩子们的作品

老师的思考：

这次活动基于幼儿兴趣和困惑而开展，满足了幼儿的好奇心和探究欲望。生活即教育，实践出真知。通过制作酵素，能够帮助幼儿更好地了解酵素。

酵素知多少

制作酵素前，我们在网上查询了关于酵素的一些资料，同时还发动家长和孩子们一起调查了解"什么是发酵？"以及"我们身边有哪些东西需要发酵?”孩子们积极地分享了自己的调查结果。但是,孩子们对于酵素制作中“发酵”的过程并不理解,于是,我们一起查询了“发酵”的视频。

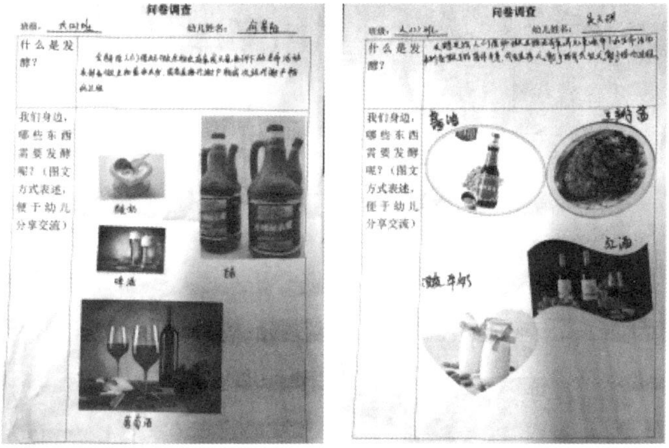

图4　调查表一

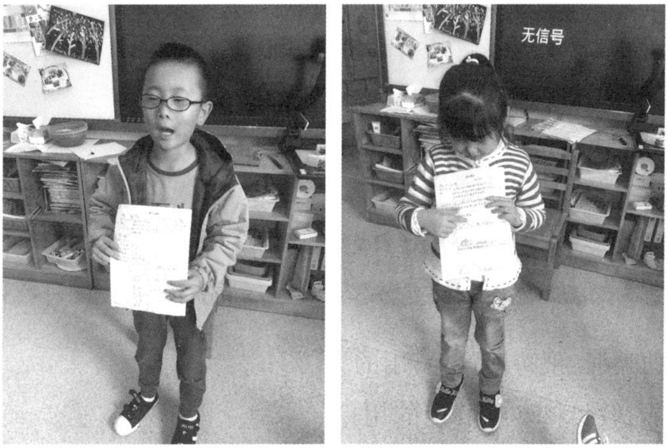

图5　分享、介绍调查表一

对发酵有了一定了解之后,我们又进行了第二次问卷调查:某种酵素的制作方法和用途。通过调查,加深了孩子们对酵素的了解,孩子们也进行了分享交流。

根据调查结果,孩子们对酵素的用途进行了一次统计。根据统计结果发现酵素主要有两个方面的作用:吃和用。吃的方面的作用:帮助消化、美

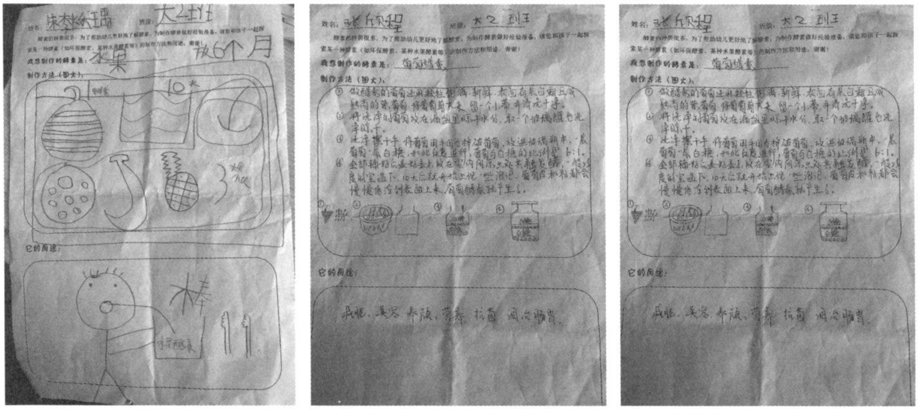

图 6　调查表二

图 7　分享、介绍调查表二

容养颜、有助睡眠、预防感冒等;用的方面的作用:做清洁剂、洗衣液、消灭细菌、祛除异味、做肥料。对酵素的用途有了进一步的了解之后,孩子们想要制作酵素的欲望就更加强烈了。

依依:"我想做水果酵素,因为它喝起来肯定甜甜的,还可以让我变漂亮。"

欣欣:"我也想做水果酵素,我家里有很多水果。"

乐乐:"我想做环保酵素,可以用来帮妈妈洗碗。"

阳阳:"我想做环保酵素,可以用来给小菜园的蔬菜当肥料。"

…………

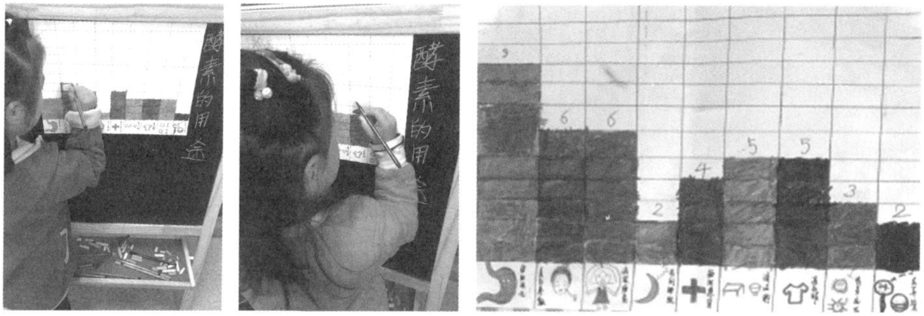

图 8　酵素的用途统计

孩子们你一言我一语，迫不及待地想要动手做一做。而每个孩子的想法都不一样，于是，我们对想要做的酵素进行了投票统计。根据投票结果，分成了三组环保酵素和三组水果酵素。水果酵素中，大部分孩子选择了苹果酵素，其中，有一个孩子选择了梨酵素，一个孩子选择了橘子酵素，为了方便分组，孩子们自由组成了一组混合水果酵素。

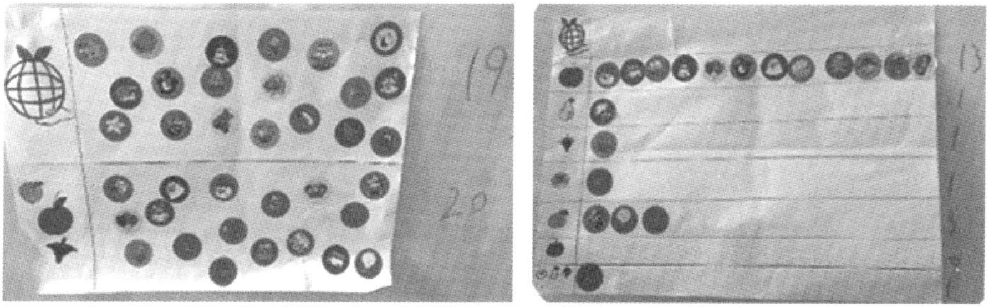

图 9　制作酵素分组投票

老师的思考：

家庭是幼儿园重要的合作伙伴，本次活动也得到了家长的支持和帮助。通过关于酵素的调查，不仅帮助幼儿对酵素有了初步的了解，也为接下来制作酵素做好了一些经验铺垫。

幼儿在集体面前的分享活动，能帮助全班幼儿通过同伴互动，学习相互之间的有益经验，丰富自己的经验积累，使个体的经验提升为全班幼儿的经验，同时，也发展了幼儿的倾听和语言表达能力。

分享后的初步统计，不仅帮助幼儿总结和梳理了经验，同时给予了幼儿充分的表达自己意愿的机会,在这个过程中,幼儿不仅对酵素的用途有了更多的了解,也感知了生活中数学的有用和有趣。

制作酵素啦!

1. 工具、材料商讨

通过前期调查,孩子们对酵素有了一定的了解,于是,我们开始开展制作酵素的活动啦。制作之前,孩子们结合现场观察和调查,一起商讨了制作酵素需要用到的工具和材料。

依依:“制作水果酵素要用到很多苹果。”

乐乐:“我们组是混合水果酵素,需要苹果、橘子、葡萄等很多种水果呢。”

涵涵:“还有水果皮、蔬菜皮……”

浠浠:“还要用到瓶子、糖和水果刀,水果需要切成小块……”

图 10 集体讨论:工具、材料

锐锐:“农场的老爷爷说了,要用塑料的瓶子,不能用玻璃瓶。”

最后,经过商讨,需要用到的工具和材料有:水果、蔬菜厨余、瓶子、糖、水、筷子、勺子、儿童刀具、碗、杯子等。为了有效利用幼儿园资源以及家庭资源,孩子们还对哪些工具和材料需要家中收集、哪些学校就有展开了讨论。

球球:“水我们就不用带了,学校卫生间可以接。”

欣欣:“碗和筷子可以用我们吃饭时候用的。”

玥玥:“我们大班了,不用勺子了,勺子得从家里带。”

天天:“我们一楼的小厨房里也有碗、勺子和刀呀,我们上次做南瓜粥就用过呀。”

通过讨论，水、勺子、碗、筷子、小刀学校有，水果、糖、蔬菜皮、瓶子需要小朋友回家进行收集。

根据讨论结果，孩子们组内再次进行商讨分工，明确自己需要收集的东西。孩子们还把自己需要带的东西通过图画的方式记录了下来。

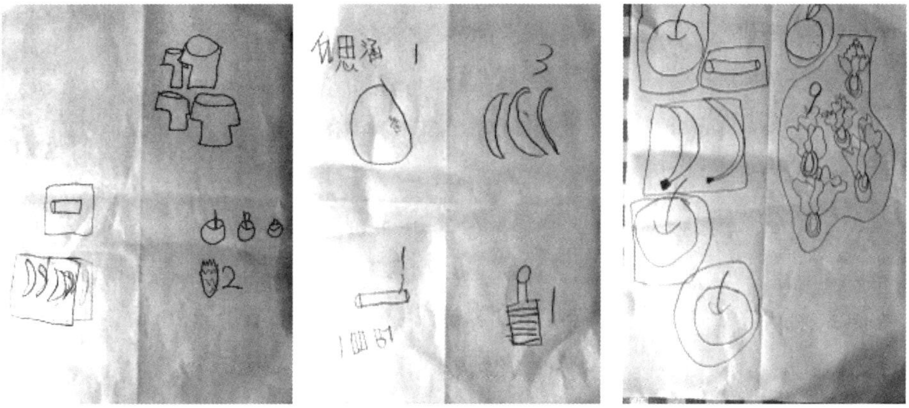

图 11　工具和材料清单

2. 分组制作

(1) 苹果酵素组。

材料、工具准备完毕，开始制作酵素啦！孩子们还制作了苹果酵素的步骤图。

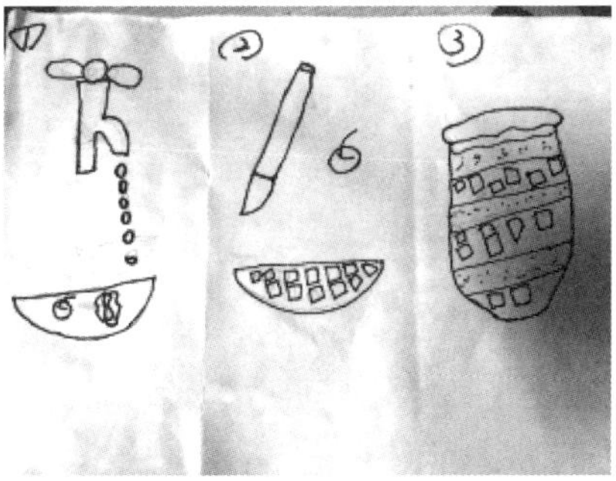

图 12　苹果酵素制作步骤图

根据之前的分工，孩子们有的洗苹果，有的洗瓶子，有的洗盘子，有的负责铺保鲜膜，材料准备得差不多了，孩子们开始制作苹果酵素啦。

插曲一：

第一组的两瓶水果酵素完成了，静静正在开心地向大家展示成果的时候，锐锐提出了一个问题："农场的爷爷不是说了不可以用玻璃的瓶子吗？里面产生了气会爆炸的，你们怎么还用玻璃瓶呀。"听了锐锐的提醒，轩轩马

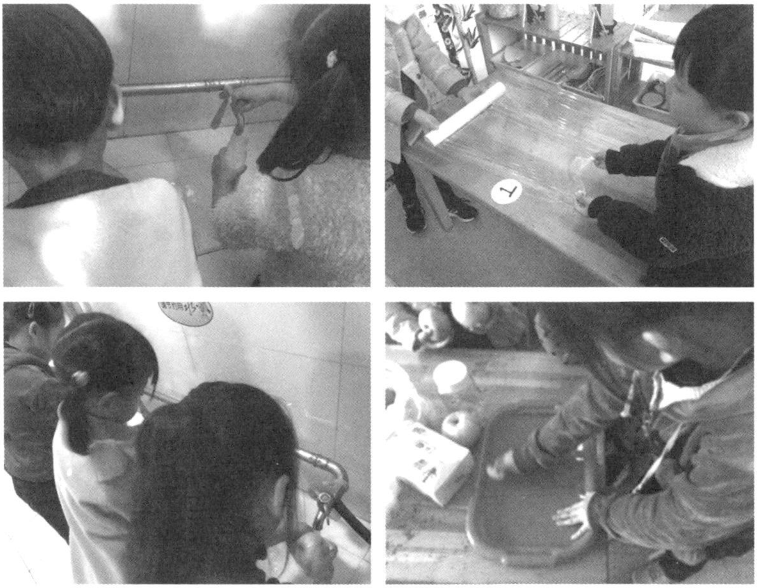

图 13　苹果酵素组的准备工作

上对静静说："对哦，那我们快点去找个塑料瓶子吧，我去看看百宝箱里有没有。"于是，轩轩和静静马上找了瓶子，把玻璃瓶换掉了。

图 14　更换瓶子

插曲二：

第二组的孩子在制作苹果酵素过程中，铁铁提出了一个问题："我带的糖是黑糖，但是它是一块一块的，怎么洒到苹果上呀？"浠浠说："压一压或者捏碎就可以了。"说完就拿了一块捏了起来，捏得小脸都红了也没捏碎。伊伊试了试说："好硬啊，我的手都痛了。"这时候，机智的小哲想到了一个办

图 15　使用捣碎器捣红糖

法，“我们生活区不是有那个捣碎器嘛，可以用那个把糖捣碎呀。”轶轶听了马上从生活区拿了两个捣碎器。因为女生力气比较小，后来男生帮助女生把糖捣碎了。

（2）环保酵素组。

① 第一次尝试，经历失败。

苹果酵素组顺利地完成了酵素的制作。但是，环保酵素组就没那么顺利了。首先，环保酵素组同样也进行了前期的准备。制作的时候，依依提出了自己的疑惑：“这个 1∶3∶10 是什么意思？我到底要放多少糖？多少水？多少水果皮呢？”每次提到这个问题，球球就会非常主动地和大家解释：“1∶3∶10 就是 1 份糖、3 份水果皮、10 份水。”依依又问：“那一份要多少呢？”球球没有回答上来。我也困惑了，一时之间不知道该怎么帮助幼儿理解这个“份”的概念及比例分配问题，到底是按照体积还是重量呢？因为没有对比例进行把控，我们第一次做环保酵素以失败告终。

② 第二次尝试，收获成功。

当我还在纠结该怎么解决这个问题的时候，一次角色游戏中，偶然听到小顾客涵涵在小吃店买饺子，“老板，我要一份饺子。”于是，抓住这个机会，在游戏结束点评时，我提出了问题：“我今天看到很多小顾客去小吃店吃饺子，那一份饺子是多少个呀？”

轩轩：“我今天卖的一份饺子有 6 个。”

玥玥：“我一个碗里放了 5 个。”

老师：“那一份到底是多少？有的 5 个，有的 6 个，怎样才能更公平呢？”

轩轩：“那就每一碗都一样多，放满不就行了。”

老师：“可是，有的碗大有的碗小啊？”

轩轩：“用一样大小的碗呀。”

借此机会，我引入酵素制作中的一份、三份、十份的概念：那我们在制作环保酵素的时候,一份一份要怎么算呢?

涵涵:“我们也可以用一样的碗,把它装满了就是一份。”

老师追问道:“那三份呢?”

球球:“三份就是用三个碗装满就可以了。”

基于幼儿对“份”的概念有了初步的了解,我们再次尝试制作环保酵素。球球在准备十份水的时候,浠浠发现这十杯水有的多,有的少,于是,球球马上把每杯水都加满了。在加水的时候,球球又发现了一个小问题:“啊呀,这个瓶子的瓶口也太小了吧,我的水都倒到外面去了。”另外一组的依依也遇到类似的问题:“哎,瓶口也太小了吧,有几块柚子皮我塞不进去啦!”针对瓶口小的问题,经过环保酵素组小朋友的商讨,大家提出了两个解决办法:一是把水果皮、蔬菜皮再切小一点,水要一点一点倒进去,但是都需要一些时间。二是换个瓶口大一点的瓶子。最后,大家决定两个办法都试一试。

环保酵素初步完成啦,孩子们的内心无比喜悦,互相展示自己的成果。因为材料还有剩余,我们就把多的材料投放到生活区,孩子们可以继续制作。后来,基本每个孩子都有了一瓶自己的酵素。接下来要经过至少三个月漫长的等待,我们的酵素才能发酵好,孩子们的内心是既焦急又期待……

图 16　环保酵素初步制作完成

③ 新的探索:利用电子秤和天平探索比例关系制作酵素。

就在大家“静待花开”的时候……

有一天早上晨谈时间,阳阳说:“昨天我妈妈做蛋糕的时候,材料都是用秤称的,妈妈告诉我,我们做酵素的时候,水、糖、果皮也可以用秤称一下。”

球球说:“我们小厨房也有秤呀,我们可以借来称一称做酵素呀,我家里还有很多蔬菜和水果呢。”

听了孩子们的对话，我们马上从小厨房借来了电子秤，投放到探索区，供幼儿探索通过称重的方式进行比例分配的方法。部分幼儿找来了积木进行称重，也有幼儿从生活区拿来了各种豆子进行称重。阳阳称完一份积木，不知道三份要怎么称，芸芸说：“你再称三份一样重的就可以了呀。”孩子每称一份，就在白纸上把数字记录下来。但是在称另外一种方形积木的时候，阳阳发现，拿掉一块太轻，加上一块又太重，在重量微调的时候遇到了困难。为了帮助幼儿更好地理解通过称重的方式进行比例分配，获得成功的体验，在点评的时候，我们重点引导豆子组的幼儿来和大家分享了他们的探索过程和结果，大家发现使用豆子来进行称重，在重量微调上会更方便一些。

图 17　称积木、豆子

为了方便孩子们统计，我们投放了一份表格。孩子们在记录一份、三份的时候都没什么问题，但是在记录十份的时候，写着写着到后面数字就乱了，于是有的孩子提出称一份可以写一个“1”，三份就写三个“1”，十份就是十个“1”。后来，阳阳提出来，画个圆圈就表示一份，3 个圆圈就是三份，这样就不会写错啦。

学会了通过称重的方式进行比例分配的方法，感兴趣的孩子再次收集材料制作环保酵素。玥玥和伊伊在称十份水的时候花了很长时间，她们组总是会传来“啊呀，怎么又重了”“啊呀，又不够了，还要加一点”，尽管如此，大家还是乐此不疲地制作着。

物 品	数 量									
红豆 1 										
黄豆 3 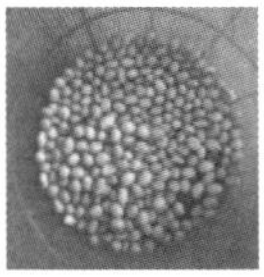										
绿豆 10 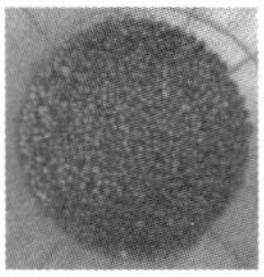										

图 18　记录表格

老师的思考：

使用电子秤称重，孩子们可能会更加聚焦在电子秤数字上，如果用天平称重会不会更聚焦于一份一份呢。

图 19　借助电子秤制作酵素

图 20　借助天平制作酵素

于是，我们从智慧场借来了天平投入探索区。区域活动中，我们发现阳阳、小宇、乐乐正在用天平称豆子。后来，孩子们也尝试了借助天平称重制作酵素。一开始，涵涵使用了一个砝码，发现只能在杯子里放一点点东西，于是又加了一个砝码，涵涵和小宇是合作的，所以，小宇也由一个砝码增加到两个砝码。

我们在观察孩子记录的时候发现了记录表上的一个疏忽，用于记录10份水的格子正好有10个，那孩子们是不是因为这个巧合才记录正确的呢？为了验证幼儿是否真正理解了通过称重方式来分配比例，我们重新修改了表格再投入到区域中，发现幼儿确实是掌握了这个方法。

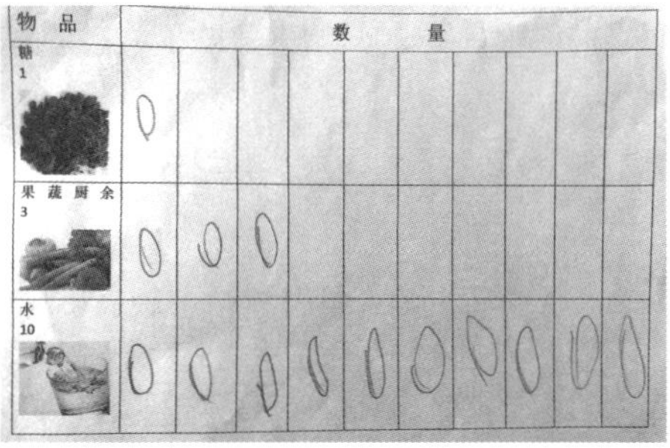

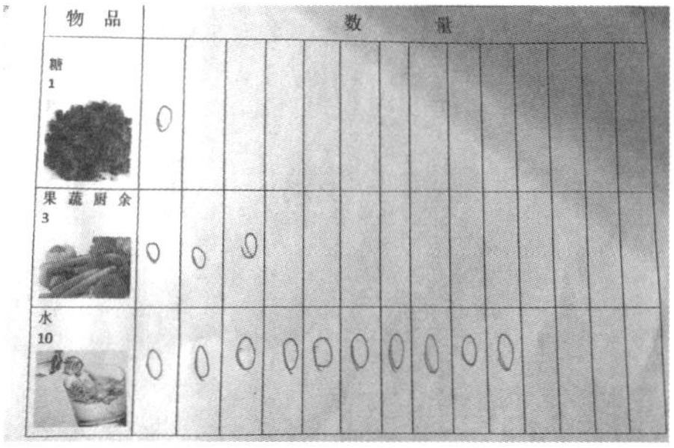

图21 修改前和修改后的表格

3. 酵素制作完成啦！

在酵素制作完成后，孩子们牢牢记着农场老爷爷说过的话：酵素在发酵过程中会产生很多气体，所以在第一个月，需要每天把瓶子里面产生的气体放掉。有一天小麟给酵素放气的时候，听到了“扑哧”的声音，兴奋地跑过来告诉我：“老师老师，我听到气出来的声音了。”还有的孩子说：“水果酵素还有一股香香的苹果味，环保酵素就没那么香了。”孩子们每天都会把他们的发现和大家进行分享。

为了方便找到自己的酵素，孩子们还给酵素瓶设计了标签。事实上，孩子们发现贴上标签后，瓶子摆在一起，标签就被挡住了，后来孩子们在自己的酵素瓶盖上写上了学号，这样找起来就方便多了。

同时，利用空余时间，孩子们每天都会把自己的观察发现通过图画的方式记录下来。通过观察，发现刚制作好的苹果酵素是满满的一瓶，过了两天，就只剩下半瓶了，再观察，接下来的变化就不是很明显了。环保酵素的变化也不是很大，但是孩子们还是坚持每天去看一看、记一记。有一天，晨

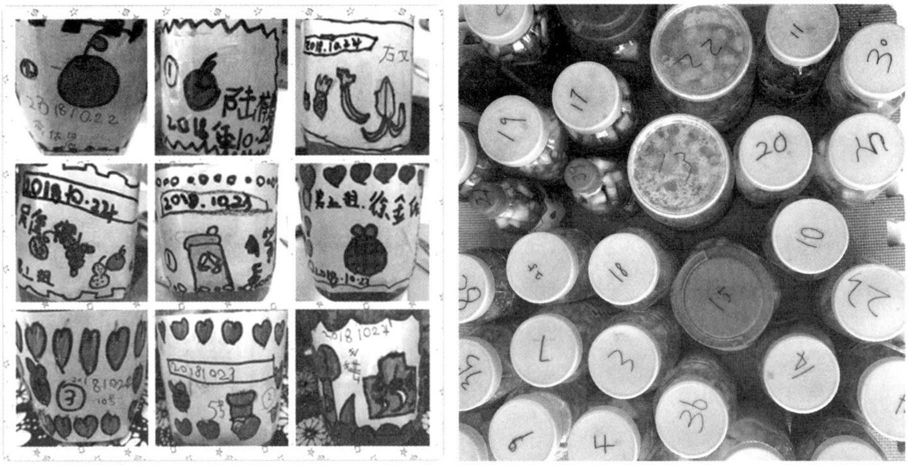

图 22　幼儿设计的标签、在酵素瓶盖上写上学号

晨发现瓶子里面出现了小小的气泡，这一现象引起了大家的关注，于是，有的孩子就从探索区拿来了放大镜进行观察，在观察的时候，晨晨还闻到了一股像酒精一样的味道……

图 23　幼儿对酵素进行观察记录

在等待的过程中，孩子们还制作了“酵素小屋”，用来专门放酵素。

老师的思考：

《幼儿园教育指导纲要（试行）》指出：“通过引导幼儿积极参加小组讨论、探索等方式，培养幼儿合作学习的意识和能力，学习多种方式表现、交流、分享探索的过程和结果。”在活动中，幼儿针对制作酵素需要的材料和工具分别进行了集体讨论和小组讨论，制作酵素也是在大家齐心协力合作下完成的，幼儿之间有明确的分工与合作，比如洗瓶、洗水果、铺保鲜膜、准备餐具、切水果、制作、收拾整理等，每个幼儿都有自己的职责，幼儿之间的合作交流和交往互动得到了充分发挥。活动中也处处显示着幼儿之间互帮互助的良好品质，幼儿在其中体验着快乐，收获着成功的喜悦。

教师是幼儿学习活动的支持者、合作者和引导者。在探索比例关系时，教师为幼儿提供了丰富的、可操作的材料，为每个幼儿都能运用多种方式进行探索提供了活动的条件，满足了幼儿探究活动的需要。在制作酵素的过程中，始终是幼儿在前大胆探索与表达，教师在后支持和鼓励。在孩子们准备材料的时候，我就发现了孩子们收集的瓶子中，大部分都是玻璃瓶和瓶口比较小的饮料瓶，但是，我没有把这些问题直接提出来，而是让孩子们在操作中自己去发现问题、解决问题。为了保证活动顺利开展，我事先也准备了很多塑料瓶子投放在回收箱，让孩子们需要的时候自己拿取，同时，他们也能进一步体验回收箱的作用。爱因斯坦说："提出一个问题往往比解决一个问题更重要。"在满足幼儿兴趣和需要的基础上，我们应让幼儿自主地发现问题、探索问题和解决问题。活动的价值不在于获取知识的多少，而在于发现问题、解决问题的过程，幼儿通过发现问题，学会了探索问题、解决问题的方法。这种探究问题的欲望和力求解决问题的行为是幼儿获得知识技能的动力源泉，也是创造性能力发展的重要条件。

酵素真有用！

早上点心时间，球球拿着酵素瓶激动地跑过来，"老师，你快看，我的酵素满 3 个月了吧。"孩子们听了球球的话后纷纷跑去看自己酵素瓶子上的标签，原来，我们第一批环保酵素和水果酵素做好啦！孩子们都激动不已。晨晨说："老师，我的水果酵素做好了，可以喝吗？"这时候，保育员阿姨听见了，主动和孩子们进行了解释："小朋友们，你们知道吗？上次我看到新闻，有人吃了自己做的酵素就吃坏肚子了，酵素在制作过程中对卫生环境的要求很高，容易在制作过程中产生细菌，服用后会对人体产生伤害的，但是我们可以用来洗碗、洗衣服。”为了验证我们的酵素到底能不能食用，我们把酵素送到了食品检测机构进行检测，通过检测，证实这些酵素确实不适合食用。小怡说：“我们还太小了，没有经验，等我们长大了再做肯定就可以吃了。”球球说：“那我们就用来洗碗吧。”

通过前期调查，孩子们对酵素的用途已经有了一定的了解。悠悠说：“我要用环保酵素帮阿姨洗碗，这样可以省一些洗洁精。”涵涵说：“我要用来洗衣服。”乐乐说：“我要用来给我们自然角的植物当肥料。”妍妍说：“可以洒一些在鞋子里，这样鞋子就不会臭了。”孩子们热烈地讨论着。于是，我们请孩子们选择一种自己感兴趣的酵素用途，和爸爸妈妈一起了解它的使用方法，并在纸上画下来。

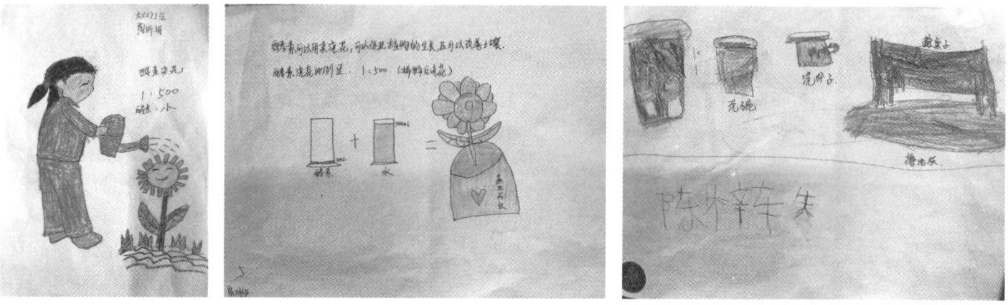

图 24　探索酵素的某种用途

1. 用来洗碗

选择用酵素洗碗的孩子，首先按照 1∶1∶10 的比例将酵素、洗洁精、水进行混合。由于孩子们在前期制作酵素的时候也有过比例分配的经验，所以这个环节没有难倒他们。午餐过后，孩子们尝试使用混合后的酵素进行洗碗。依依说：“你看我的碗洗得多干净呀。”悠悠说：“酵素真的可以洗碗，我要回家叫妈妈也做一些。”

2. 用来施肥

孩子们按照 1∶1 000 的比例将酵素加水进行稀释，因为孩子们在智慧场有使用量杯的经验，所以孩子们从智慧场借来了一些量杯和滴管。先在

图 25　调配洗碗剂、洗碗、碗的前后对比

量杯中加入 1 000 毫升的水，再用滴管滴入 1 毫升的酵素原液。为了验证酵素是不是真的可以用作肥料，我们在浇花的同时，也进行了对比实验，一盆是用清水种的大蒜，一盆是洒了酵素的大蒜，让我们拭目以待吧。

图 26　使用酵素浇花

3. 用来擦桌子、椅子、柜子

临近新年，我们决定给教室进行大扫除，思成提出："我们可以用酵素来

图 27　使用酵素擦桌子、椅子、柜子

擦桌子、擦玻璃和墙呀。”孩子们立马来了兴致。根据调查,在盆中加入适量水,再加入2汤勺左右酵素原液就可以了,大家开始行动起来,忙得不亦乐乎。铁铁说:“我们把柜子擦得非常非常非常干净。”儒儒说:“我们用酵素把教室打扫得很干净很干净。”

4. 家中尝试使用酵素

部分孩子想要在家中清洗油污、清洁地板、清洗衣物等,所以,孩子们也带了一些酵素回家尝试,家长也在QQ群中通过照片的形式和大家进行了分享。家长们纷纷表示,用酵素来洗碗、擦桌子效果真不错。

图28　QQ群的分享

保护环境,人人有责

一天,我们又一次谈到了酵素。

老师:“原来酵素有这么多的用处呢!那我们把果皮和厨余垃圾做成了酵素,什么就减少了?”

晨晨:“垃圾就变少了呗。”

老师:“垃圾减少了,有什么好处吗?”

阳阳:“那我们的环境就变好了。”

轩轩:“可以保护地球妈妈。”

老师:“保护地球妈妈,光靠我们可不够啊!”

妍妍:“可以叫我们的爸爸妈妈一起做酵素。”

依依:“我们可以教别的班的小朋友做酵素呀！她们也可以用酵素来洗碗、擦桌子。”

老师:“那你们打算怎么教其他小朋友做酵素呢?”

依依:“我们可以去别的班级告诉他们制作方法。”

球球:“我们可以做个海报。”

老师:“海报上需要画什么?”

球球:“把制作酵素的步骤画下来。”

妍妍:“还可以把酵素的用途画下来,这样她们就知道怎么用了。”

依依:“还可以画一些好看的图案装饰一下。”

说干就干,孩子们开始分组设计海报,并且向其他班级、老师、保安叔叔、食堂阿姨等进行了宣传。

图 29　设计海报

虽然通过前期调查,幼儿对酵素的用途有了一定的了解,但“纸上得来终觉浅”,只有通过亲身体验和实际操作,才能真正感受酵素在生活中的用途,进一步感知酵素与我们生活、环境的关系,萌发爱护环境、变废为宝的环保意识。在探索酵素用途的过程中,幼儿的动手能力得到了锻炼,也体验了劳动的乐趣。同时,通过探讨自己制作的水果酵素能否食用,幼儿能够关注食品安全问题。幼儿还能主动将自己的经验通过海报以及口头介绍的方式和大家进行分享,从而呼吁大家一起加入到我们制作酵素、保护环境的行动中来,在宣传过程中,幼儿的社会交往技能也得到了锻炼。

图 30　向其他班级、老师、保安叔叔、食堂阿姨宣传酵素

感悟

《走近酵素》这个故事来源于幼儿一次远足时对酵素产生的探究兴趣。酵素听起来似乎离幼儿的生活很远，当我们接触酵素，发现酵素其实就在身边，而且与我们的生活有着密切的联系。

回顾故事的点点滴滴，从幼儿对酵素产生兴趣和困惑→了解酵素→制作酵素（经历失败→收获成功）→探索酵素的妙用等一系列活动，唤醒了幼儿学习的内驱力，发展了幼儿的观察能力、探究能力、合作能力、主动学习能力、语言表达与交往能力，在经历困难、克服困难的过程中，幼儿提升了自己的学习品质，获得了积极的情感体验。在活动中，我也曾有过困惑、经历挫折，但是我从幼儿身上学习到了一种直面困难的精神。这个故事见证了我和孩子们的共同学习和成长。

黏糊糊的惊喜

苏州高新区竹园幼儿园　王建娣

持续时间:2018 年 9 月至 2018 年 11 月

年龄段:大班

缘起

图 1　神秘来客

初秋,雨后天气闷热,操场上还有些湿。孩子们在户外活动的时候,发现操场上有好几条蚯蚓。“怎么会有那么多的蚯蚓跑到操场上?”“它们是出来玩吗?还是生病了?”“它们认识回家的路吗?”……孩子们蹲下身来三五成群地自发和蚯蚓玩了起来。看!有的找了片小树叶想逗蚯蚓,有的拿一块有孔的橡皮引诱蚯蚓钻,还有的拿小木棍变成了蚯蚓的“高速公路”……过了一会儿,音乐声响了,其他班的孩子也都纷纷出来做操了。“快!把蚯蚓抓到泥土里,不然会被踩死的……”班级的几个男孩担心人多会踩到蚯蚓,就一起快速地帮助这些蚯蚓回到泥土的家。对操场上的不速之客——黏糊糊的蚯蚓,孩子们充满好奇心、探究兴趣和对生命的敬畏之意,随之也自然开始了“蚯蚓之旅”。

寻找蚯蚓——小蚯蚓，你在哪里？

图 2　幼儿园菜地里找到了蚯蚓

孩子们真的很渴望能再次遇见蚯蚓。可是幼儿园户外种植地在暑期重新翻整过，干巴巴的泥土地里，总是很难找到蚯蚓的踪迹，看不见蚯蚓，孩子们特别失落。于是一场关于“到哪里找蚯蚓”的讨论开始了。“我爸爸上次钓鱼就买了一些红蚯蚓，我可以带来。”“我以前回老家，和爸爸一起在菜地挖到过蚯蚓！”“要不还是等下雨天它们自己爬出来吧！”“我有一本蚯蚓的图书，可以带来给大家看。”在积极讨论的基础上，我们鼓励孩子们先在幼儿园的花园、菜园的泥土地里寻找蚯蚓。当然孩子们也找到了一些，但他们说：“太少了，能多一些就好了。”“每组都有十条才够。”于是，我们发动孩子们回家和爸爸妈妈外出去寻找蚯蚓。

说来也巧，正好还有两天就是国庆长假了，于是“寻找蚯蚓”的活动自然生成了。越越在出游时路过田间找到了蚯蚓；岩岩在老家的菜地里找到了蚯蚓；屹屹在小区的一块空地找到了蚯蚓；昊昊在爷爷家的青菜地里找到了蚯蚓；钰钰和扬扬是好朋友，她们相约在公园一角挖到了蚯蚓。一个小长假，幼儿获得经验体验的同时，他们的情感也有了变化，从以前害怕蚯蚓变得乐意接受了，更多的孩子有点喜欢蚯蚓，悦悦还给自己挖到的蚯蚓取了名字，一条叫小 Q，一条叫小美。长假过后，孩子们带来了记录表，记录了亲子寻找蚯蚓过程中的信息：地点、工具、发现、体验和收获。

蚯蚓是幼儿园生活中的神秘来客，在一次真实的邂逅中，生动鲜活、具体可感的自然生命，很大程度上激发了幼儿的好奇心和探究兴趣，幼儿园生活中的偶发事件成为班级极好的课程资源。教师敏锐地观察、捕捉到幼儿的语言、行为和情绪点滴并进行记录，能更好体现教师的儿童立场和儿童视角，师幼共同收获探索过程中的惊喜。正如《指南》所说：“成人要善于发现

图 3 “寻找蚯蚓”调查表

和保护幼儿的好奇心，充分利用自然和实际生活中的机会，引导幼儿通过观察、操作、实践等方法，学习发现问题、分析问题、解决问题。”在强烈兴趣驱使下，“寻找蚯蚓之旅”不断深入。

观察蚯蚓——小蚯蚓，你好！你的秘密可真多！

蚯蚓住到我们班啦！而且是很多！自然角里来了新朋友，晨间、课间、游戏中，孩子们总会聚在那里看蚯蚓，他们发现白天看不见蚯蚓，它一直待在泥土里；蚯蚓总喜欢逃离盒子，爬到外面来；蚯蚓身体上有个环；蚯蚓爬出来死了，身体也干掉了，太可怜了！孩子们拿起画笔把自己的发现记录下来。

图 4　发现的蚯蚓小秘密

初步探究中，幼儿观察蚯蚓的外形特征、行动变化，也多多少少了解了蚯蚓的一些小秘密。就这样，随着观察的深入，孩子们的问题越来越多，积累了一大摞，我们及时记录并帮助幼儿梳理出他们聚焦的八个问题：蚯蚓一切二会死吗？为什么蚯蚓吃了腐烂的东西不会肚子疼？蚯蚓也会冬眠吗？两种蚯蚓在一起会打架吗？蚯蚓的身体为什么一会儿变很长，一会儿缩得很短？有一种叫水蚯蚓的，它是生活在水里的吗？蚯蚓喜欢什么时候出来玩？蚯蚓是怎么过冬的？我们鼓励孩子们用表征的方式把这些问题画出来，选择自己感兴趣的问题进行探究。

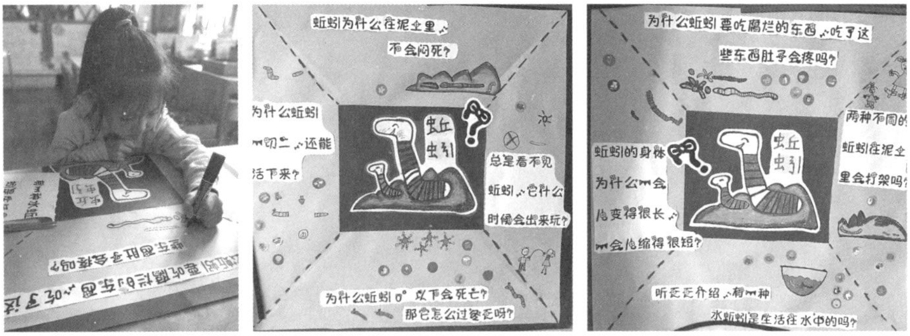

图 5　幼儿聚焦的八个问题

寻找问题答案的方式是多种多样的，可以是亲子探究、网上查询、亲子小报等。

图书是最好的老师，天天小朋友带来了第一本关于蚯蚓的图书 ，陆续又有小朋友买了蚯蚓的图书带过来，老师在书香苏州 APP 上借阅了八本绘本，同时也购买了一本专业书《怎样科学养殖蚯蚓》，幼儿、家长、老师共同走进了蚯蚓的探秘世界。聚焦八大问题期间，孩子们和有关蚯蚓的图书交上了好朋友，许多孩子拿着这些书翻个没完、问个没完。

图 6　寻找问题答案

随着有关蚯蚓知识的不断丰富，孩子都觉得：哇！蚯蚓是个神秘君！看看孩子们的收获吧！他们知道了蚯蚓许多秘密：蚯蚓身体上的环叫生殖带，是生宝宝的地方；气温 0℃ 以下蚯蚓不会死亡，它会在泥土深处冬眠；两种蚯蚓在泥土里真的会打架；蚯蚓没有眼睛没有鼻子只有一张嘴；蚯蚓是依靠皮肤来呼吸的；蚯蚓到了冬天要冬眠，钻在泥土里不出来了……

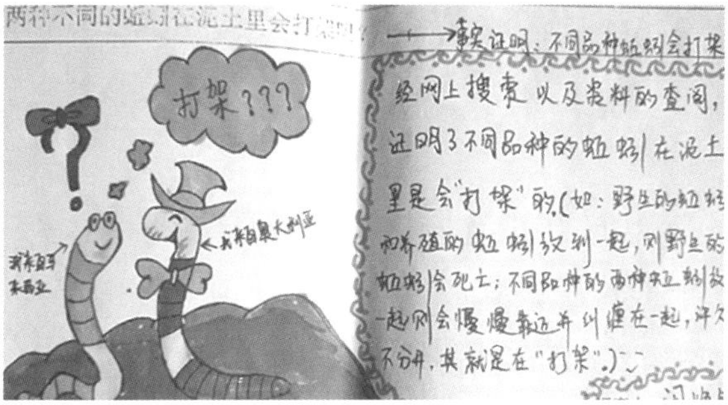

图 7　分享、记录问题的答案

在班级自然角观察蚯蚓的过程中，孩子们天天和蚯蚓在一起，慢慢地，越来越多的孩子爱上了蚯蚓，开始主动自发地关心这些小生命了。有时候早上来园，他们看见半夜爬出来的蚯蚓干死在地上，会很难过，于是，他们提议蚯蚓不能养在班级里了，需要换地方，既而生发了放生和换地方养殖的想法。

黏糊糊的家伙成为班级自然角的新来客，与蚯蚓更近距离、更直接、更长久的接触，很大程度地满足了大班幼儿进一步观察的兴趣，激发了他们更深入的探究行为。《指南》指出：“能察觉到动植物的外形特征、习性与生存环境的适应关系。”“对自己感兴趣的问题总是喜欢刨根问底，能经常动手动脑寻找问题的答案，探索中有所发现时感到兴奋和满足。”“能用数字、图画、图标或者其他符号记录。”鉴于此，我们班的蚯蚓探索更多地落在了科学探究层面，锻炼了幼儿主动探究、积极大胆寻求答案的能力。同时，在不断深入的“蚯蚓探究之旅”中，教师注重幼儿学习方式的多样性和多维度，对蚯蚓实物的观察，直观的网络视频讲解，手机 APP 实现了身边的图书馆资源价值最大化，使得主题教育资源丰富多元、生动鲜活、有效有益。在蚯蚓的探究中，幼儿获得了认知的收获，同时探究过程中的小事件、小插曲，更是细腻了幼儿的情感，让他们收获了更多的体验。

饲养蚯蚓——我们养蚯蚓啦！

过了一些时日，孩子们发现班级饲养的蚯蚓，都纷纷出逃或死了，孩子们都觉得：蚯蚓养在班级里真的不合适。孩子们提出了放生和换地方饲养蚯蚓的想法。

可是作为老师的我，从小就害怕那些黏糊糊的东西，说实话，当时我内心是有点拒绝的，但当听着孩子们说“我们真的喜欢”时，当看到他们期盼的眼神时，我决定给一次自己脱敏治疗的机会，满足孩子们的要求！

说来也巧，真是“踏破铁鞋无觅处，得来全不费工夫”，我在班级 QQ 群里问了一下有谁养过蚯蚓，

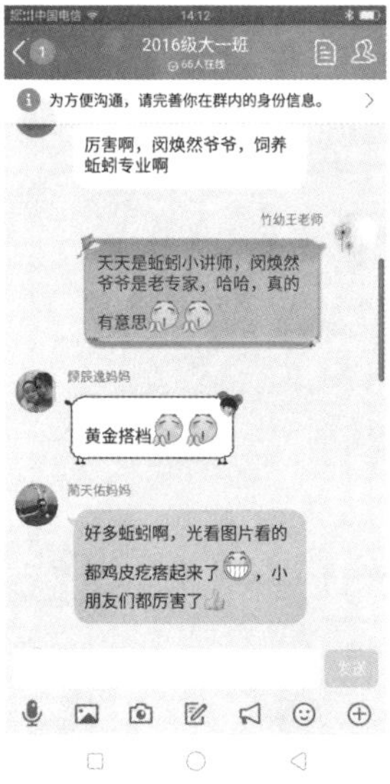

图 8　QQ 群互动

我们班焕然的妈妈说孩子的爷爷以前在老家为了钓黄鳝，养过一阵子蚯蚓。有了这样好的资源，幼儿、家长和我们都如获至宝，于是班级饲养蚯蚓活动开始了。

饲养活动也让我们老师丰富了自己的知识库，第一次在网上了解到可以购买蚯蚓的种苗，在淘宝上和商家联系沟通中，也了解了很多养殖蚯蚓的科学知识，我们把这些知识保存下来，同步传递给家长和孩子们。

我们和孩子们一起寻找空置的土地，邀请花匠伯伯翻整土地，孩子们帮忙一起除杂草，设计饲养地标记牌，焕然爷爷来助教。在焕然爷爷的指导下，我们把班级养的几条蚯蚓放生到饲养基地里，接着“小记者”向爷爷提问，爷爷一一解答，孩子们又在爷爷的指导下，动手放置购买来的种苗、浇水、沤肥。

图9　饲养基地饲养蚯蚓

饲养基地饲养蚯蚓活动，牵动了孩子、老师的心。一路上辛苦和惊喜并存，我们收集、发酵香蕉皮，给蚯蚓准备食物；发现蚯蚓地有西瓜虫、蜗牛，我们来捉虫；要下雨啦，掀开覆盖物，让蚯蚓透透气。真的有意外发现！我们饲养的红蚯蚓长大、长粗了！

在饲养的过程中，我们引导孩子记录，记录分两种，一是集体记录：饲养中做了什么（除草、防晒、浇水、除虫）；二是个人记录：饲养中发现了什么，我们发现蚯蚓钻过的地方泥土松松的，蚯蚓的生殖带比较靠近头部，蚯蚓喜欢晚上出来活动，白天很少看见蚯蚓，蚯蚓地里有许多西瓜虫和蚂蚁，不知道它们会不会伤害蚯蚓……

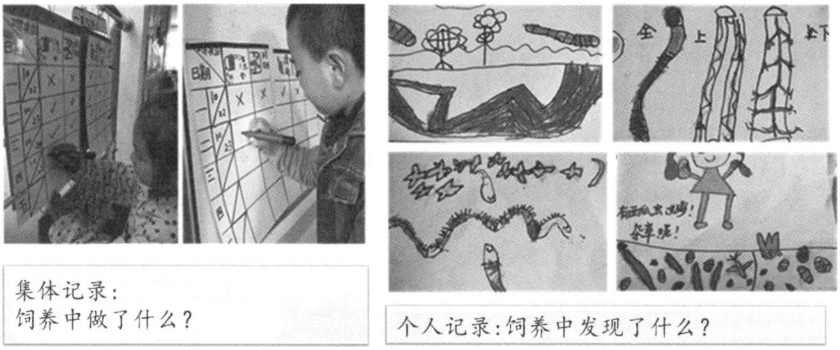

图 10　随行随记

通过教师、幼儿、家长的互相支持，班级的饲养活动自然生成，孩子们的话语和神情中流露出满足和对蚯蚓的喜爱。在饲养活动前、中、后期的劳动和管理过程中，幼儿的责任意识和担当意识不断生成。同时幼儿对于助教爷爷也充满了尊敬之情，担当饲养小主人的自豪感在迸发。

饲养活动最大程度上顺应了大班幼儿劳动、探究、管理活动的需求和愿望，在幼儿、教师、家长、行家爷爷和花匠伯伯的携手合作下，土壤的清道夫——蚯蚓，在幼儿园的饲养也真正落根生发。正如南京师范大学虞永平教授提出的“全收获”理念所倡导的思想：种植（饲养）应该是幼儿园的应有之义。这是因为饲养不是成人的需要，而是儿童的需要，因为关注生命是儿童的天性。幼儿会对生命的成长过程充满好奇，他们会精心呵护、仔细观察，会关注生命成长过程中的每一个细节，会用自己喜欢的方式记录自己的发现，更会对生命充满感情、倾注热情。因此，饲养是一种有温度和有情感的活动，幼儿在养殖过程中收获的不只是能力和知识，还有情感和态度，是对大自然的亲近，对生命的尊重。

蚯蚓搬家——帮蚯蚓搬新家！

三个礼拜过去了，一天，孩子们在蚯蚓饲养基地闻到了一股股臭味，寻找缘由，是当时浇灌的兔子粪便引起的，同时孩子们发现这里的蚯蚓太密集了，泥土地太过于狭小，于是孩子们开始讨论给蚯蚓搬家的方案。

讨论内容有：确定几个新家地点；讨论搬家需要的工具；讨论分组行动计划；讨论雨天方案，因为幼儿通过自己的观察，掌握了蚯蚓喜欢下雨天出来玩的特点。

在师幼积极的互动商讨中，我们最终决定在一个下小雨的日子，幼儿自由组合成四个小组进行蚯蚓搬家活动，将蚯蚓基地搬迁到幼儿园后面的菜地。

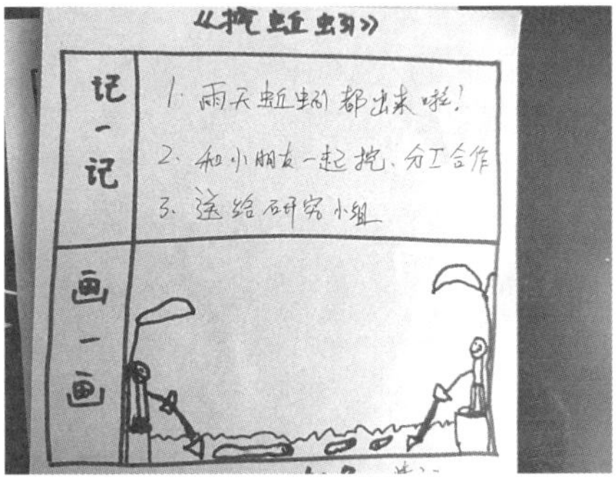

图 11　挖蚯蚓行动记录

第一组：挖蚯蚓小组。

地点：大一班蚯蚓养殖基地。

目标：用自己的办法，轻轻挖出蚯蚓；活动中能保持蚯蚓基地生态环境。

工具：小铲子，盛放蚯蚓的透明器皿。

方法：用自备的工具在蚯蚓基地挖蚯蚓，把挖出的蚯蚓小心地放在器皿里。

图 12　研究行动

第二组:研究行动。

地点:班级。

目标:用自己喜欢的方式和适宜的工具探究小蚯蚓的秘密;幼儿尝试用自己喜欢的方式记录(表征或表述)。

工具:放大镜、托盘、画纸、笔、粉笔、显微镜、尺等。

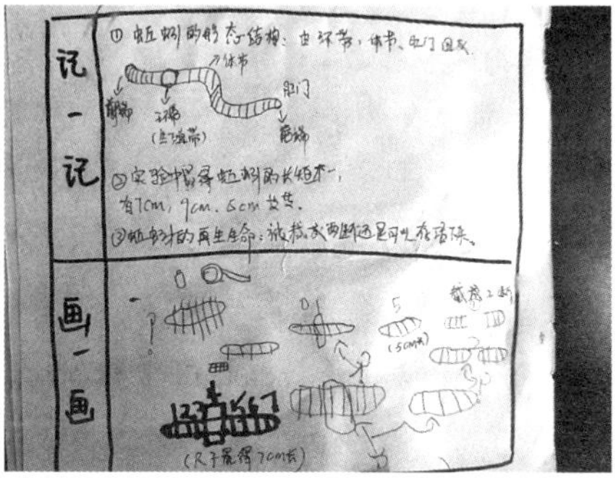

图 13　研究行动记录

方法:用放大镜对蚯蚓进行观察,发现并记录探究过程和结果;可以在画纸上或黑板上表征或表现出来。

第三组:松土行动。

地点:幼儿园大菜地。

目标:在家长志愿者的帮助下,共同翻整干枯的土地;幼儿能积极参与劳作,做劳动小助手。

工具:大铲子、铁锹、耙子、垃圾袋、手套等。

方法:幼儿捡拾石子、杂物,家长志愿者使用工具翻土整地,并把蚯蚓放置到翻好的土地里。

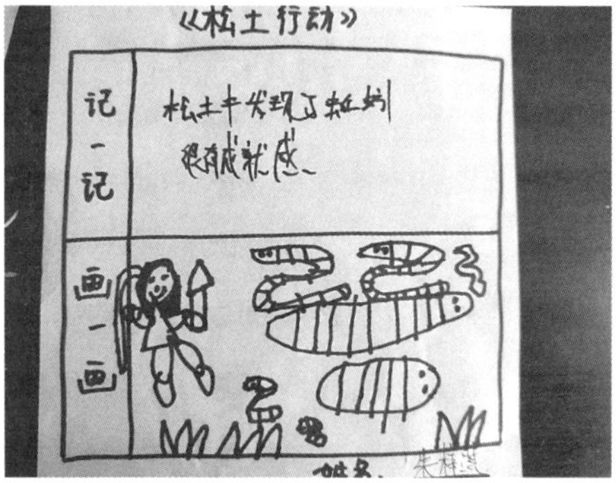

图 14　松土行动记录

图 15　沤肥行动记录

第四组:沤肥行动。

地点:兔子养殖舍。

目标:知道兔子粪便是蚯蚓最好的饲料,积极参与粪便清扫、积攒活动;

幼儿能将养料送到需要的地方。

工具：桶、手套、扫帚、已经发酵腐化的香蕉皮、浇水壶等。

方法：花匠伯伯打扫兔子舍，将粪便倒在养料桶中，幼儿协助伯伯将养料桶运送到需要的地方，并积极参与浇灌沤肥活动。

活动当天，大家做好了精心的准备，雨具、铲子、耙子、手套、桶、放大镜、记录纸等，孩子们出发了。松土、沤肥、挖蚯蚓，挖出的蚯蚓大部分被送到了新辟的蚯蚓基地，还有一些被送到了研究小组，研究小组的幼儿专注地做着实验：放大观察、黑暗实验、干湿实验、测量、切段成活实验……

而孩子们一个个都俨然小小科学家模样，或摆弄，或观察，或记录，用自己的方式验证自己的猜测和想法，并积极分享自己的发现和感悟。最有趣的事是在研究蚯蚓再生实验时，一个孩子把蚯蚓剪成了两段。在分享中孩子们发出了不同的声音，一部分孩子：怎么可以这么残忍啊？另一部分孩子：做科学家有时候就需要残忍的！我班又围绕“切断蚯蚓是不是件残忍的事？”为话题展开了激烈的讨论，孩子们各执己见，理由充分时振振有词，理由不充分时会顺势而下，寻找证明理由的其他途径，孩子们变得会思辨了。

发现班级饲养蚯蚓的土地大小、位置不合适和肥料不恰当造成了不良的后果时，幼儿内心产生了担忧。但他们能不畏惧麻烦，勇于承担一定任务，积极调整饲养环境，寻找最佳的解决方案并付诸行动。在行动中同伴间合作分工、愉悦参与，在其乐融融中分享自己的发现和体验，幼儿的社会性情感得到了发展。

蚯蚓养殖遇到的新难题，为大班幼儿提供了极好的教育契机。我们结合幼儿园的实际条件，进行饲养大调整行动，更多地聚焦和探究蚯蚓生存环境和自然生态之间的关系。蚯蚓搬家时基于行动研究的理论基石，在探究过程中幼儿主体性、思辨性、行动性凸显。这些都体现了《指南》的精神：“能主动发起活动或者在活动中出主意、想办法。主动承担任务、遇到困难能够坚持，并尝试寻求同伴帮助。在成人的帮助下制订简单的计划并执行，探究中能与他人合作与交流。初步了解人们的生活与自然环境的密切关系。知道尊重和珍惜生命，保护环境。”

教师感悟

我们的“蚯蚓探究之旅”持续了一个多月，接近尾声了，但我想，幼儿对蚯蚓的好奇、关注和研究一定不会结束，因为他们的心中已经播下了热爱科学的种子。回想蚯蚓课程的旅程，我们一步步走来，正是顺应了幼儿的需求，课程才能不断地深入和拓展。记得南京师范大学虞永平教授说过：“课程在儿童的生活和行动里。”我觉得这一句话是要我们老师带着思考去生成和组织课程，即如何通过课程，使幼儿真正处在一个需要、兴趣、潜能都能得到充分发挥的世界里，使幼儿的生命更具活力，得到更有力的成长。

1. 关于资源

资源到处都在，等待我们去发现；教师要引导幼儿主动关注和运用资源；善用资源是一种教育的智慧。

2. 关于课程

课程里有探索、发现和采集不完的知识；课程里有游戏、生活和情感，情感是很重要的部分；课程也许永远做不到完美，但我们要追求做到和孩子“心心相印”。

3. 关于幼儿

幼儿对自然科学的兴趣是容易被催发的；幼儿天然有着观察探索的能力，这是培养他们专注学习品质的好途径；提供工具，等于提供了更多探索发现的机会，意味着研究走向深入；分组和合作各有独立，又有关联，除了渗透探究，还增加了任务意识。

4. 关于教师

教师在过程中的聆听、捕捉、记录、引导很重要；教师和孩子是课程的共同体；在课程中，孩子是主人，教师是首席。

5. 关于家长

家长能带来援助；能和幼儿一起体验乐趣；能更好地了解幼儿园的课程；能“看见”孩子，“看见”专业；能密切与幼儿园、与孩子间的关系。

幼儿的发现比结论更有价值，课程的体验比收获更有价值。